Pinchas Lapide

Am Scheitern hoffen lernen

Erfahrungen jüdischen Glaubens für heutige Christen

Gütersloher Verlagshaus
Gerd Mohn

Originalausgabe

CIP-Kurztitelaufnahme der Deutschen Bibliothek

Lapide, Pinchas:
Am Scheitern hoffen lernen: Erfahrungen jüd. Glaubens
für heutige Christen / Pinchas Lapide. – Orig.-Ausg. –
Gütersloh: Gütersloher Verlagshaus Mohn, 1985.
 (Gütersloher Taschenbücher Siebenstern; 1413)
 ISBN 3-579-01413-7

NE: GT

ISBN 3-579-01413-7

© Gütersloher Verlagshaus Gerd Mohn, Gütersloh 1985
Umschlagentwurf: Dieter Rehder, Aachen
Gesamtherstellung: Clausen & Bosse, Leck
Printed in Germany

Inhalt

Am Scheitern hoffen lernen
Die Mitte des biblischen Glaubens 6

Vertrauen aus dem Grauen
Apokalyptik in biblischer Sicht 25

Gott ist König
Macht und Ohnmacht in jüdischer Tradition 47

Die sogenannten Gottesfeinde
Antijudaismus bei Paulus? 55

Aufforderung zum Zwiegespräch
Notwendigkeit und Nutzen
des christlich-jüdischen Dialogs 62

Denk ich an Deutschland …
Juden und Christen zwischen Trauma und Traum 78

Wie können »alle eins« sein?
Christliche Ökumene und
jüdisches Wahrheitsverständnis 98

Am Scheitern hoffen lernen
Die Mitte des biblischen Glaubens

Die jüdische Geschichte besteht weitgehend aus einer langen Kette von Verfolgungen, Vertreibungen und Niederlagen, die am Ende immer wieder in den Mut zum Neubeginn mündeten und zu einer Kunst des Überlebens führten, die allen Defätismus widerlegt.

Das Christentum, auf jüdischem Mutterboden geboren, entstand aus dem Scheitern Jesu von Nazareth – jenem blutigen Fiasko zu Golgotha, das das Kreuz als Galgen, zum Symbol des Glaubens einer Milliarde von Menschen erhoben hat.

In beiden Religionen geht es also zutiefst gesehen um ausgesprochene Mißerfolge, die zu Meilensteinen in der Hoffnungsgeschichte der Menschheit geworden sind. Was ist denn das Judentum, wenn nicht die Fähigkeit des »heiligen Restes«, im Leid einen Sinn zu entdecken, der über das Leiden hinaushilft, der die Heimsuchungen als läuternde Pädagogik Gottes zu deuten vermag und auch zu den Übeln dieser Welt mit Joseph sagen kann:

»Ihr habt es böse gemeint – aber Gott hat es zum Guten gewendet.« (Gen 50,20)

Ebenso ist die Mitte des Bekenntnisses zu Christus der Glaube, daß aus dem Untergang der Kreuzigung ein neuer Aufgang leuchtet, daß das heilsbewußte Leiden sogar dem Tod seinen Stachel nimmt und daß selbst die Verzweiflung den reifen Glauben stählen und festigen kann.

Zahlreich und bedeutsam sind die Gemeinsamkeiten, die die beiden Bibelreligionen verbinden, aber keine reicht tiefer in

den Wurzelgrund der Bibel hinab als dieses leidgeprüfte Hoffen-Können, auch »gegen alle Hoffnung« der Vernunft.
Wie kam es zu dieser Alchemie des Glaubens, die imstande ist, aus Verzweiflung Zuversicht zu schöpfen und selbst aus dem Untergang helle Funken neuer Hoffnung zu bergen?

Der »Fadenstrick« der Hoffnung

Auf unserer Suche nach einer Antwort auf dieses Rätsel, das aller Logik Hohn zu sprechen scheint, mag uns die Sprachkunde weiterhelfen. Auf Hebräisch heißt Hoffen: Kawah, ein Wort, von dem auch der Name von Israels Nationalhymne abgeleitet wird: Ha-Tikwah, die Hoffnung, die aus dem 37. Kapitel des Propheten Ezechiel stammt, jenem Hohelied der Hoffnung, die im Tal der toten Gebeine neues Leben zu erwecken vermag.
Das hebräische Zeitwort heißt in seiner ursprünglichen Bedeutung: winden oder: zwirnen, so daß die Hoffnung eigentlich ein »Faden« oder besser gesagt ein Seil ist; ein »Fadenstrick«, wie Martin Buber übersetzt (Josua 2,18 und 2,21), der sowohl Festigkeit als auch einen Anknüpfungspunkt bietet. Ein Tau, das nicht zerreißen noch versagen wird. Die Sprachkunde lehrt uns also, daß nur die Hoffnung, die aus der Not geboren wird, Notwendend wirkt, denn ein starkes Tau braucht der Seemann im Sturm, zum festen Halt, wenn alles um ihn zu zerbrechen droht. Bei stiller See und ruhiger Reise liegt das Hoffnungstau am Boden und wird nicht gebraucht.
Biblische Hoffnung ist also weder ein Phantasiegebilde noch ein Wunschdenken und schon gar nicht seichter Optimismus, der die Zukunft vorausrechnet, um nüchtern die Chancen auf Erfolg abzuschätzen, sondern jene innere Kraft, die an Gott selbst anknüpft und zu einer Macht heranwachsen kann, die schon des öfteren unsere Welt verändert hat. Hoffen wie die Propheten heißt, alles auf die eine Karte setzen – ob ihre Aussichten nun groß sind oder gering. Es heißt unterwegs sein mit

einer tatkräftigen Zuversicht, an der letztlich alle Zweifel zerschellen.
Allem Scheitern zum Trotz bleibt diese aktive Bibelhoffnung ein spezifisch jüdisches Motiv, das auch das Christentum unheilbar angesteckt hat: der unstillbare Drang, den Traum von gestern, über alle heutigen Schutthaufen hinweg, zur morgigen Wirklichkeit zu machen. Für den Juden ist es ein Pseudo-Realismus, alle Gegebenheiten – auch die traurigsten – als endgültig und unveränderlich zu akzeptieren. Echter Realismus hingegen ist die heilsame Ungeduld, die sich standhaft weigert, das Unglück in Ergebenheit anzunehmen, vor dem Unheil abzudanken oder irgendeinen Status quo heiligzusprechen. Wer an Gott anknüpft, so lehrt uns die hebräische Etymologie, der ist gegen Resignation gefeit.
In den Worten des Hebräerbriefes: »Es ist aber der Glaube das feste Vertrauen auf das Erhoffte; ein Überzeugtsein von dem, was man nicht sieht« (Hebr 11,1), und Paulus fügt gut rabbinisch hinzu: »Eine Hoffnung aber, die man schon erfüllt sieht, ist ja keine Hoffnung mehr!« (Röm 8,24)
Das erläutern die Rabbinen, indem sie sagen, daß die Hoffnung »aus der Haut fährt«, indem sie über sich selbst hinausgreift, um den Menschen weit und offen zu machen, alle seelischen Verengungen zu sprengen, um schließlich die Furcht mit einem Lächeln zu vertreiben.
Hoffnungsarbeit verlangt, sich vom Gewesenen loszusagen, sich ganz und gar in das Werdende als das Sein-Sollende hineinzuwerfen, um es vollauf zu verwirklichen. Die Hoffnungstat erleuchtet die blinde Angst und entschärft das Scheitern, um sich an dem zu orientieren, der dieser Welt zu helfen vermag: dem Gott der Hoffnung, der das Leben und die Zukunft schenkt.

Das Unheil ist die Vorstufe des Heils

Ganz in diesem Sinne heißt es im Talmud, daß der Mensch, wenn er vor Gottes Richtstuhl steht, auf sechs Fragen zu antworten hat, von denen die letzte als ausschlaggebend gilt: »Hast Du das Heil erhofft?« (Sabbath 31a)
Diese Frage übertrifft mit Recht alle fünf anderen Gewissensfragen, denn in ihr liegt ja der Sinn für ein erfülltes Leben.
Einer, der diese Frage sein Leben lang bejaht hat, heißt in der jüdischen Überlieferung Nachum Gamsu (Taanit 21a), was soviel wie »Auch-dies-ist-zum-Guten« bedeutet – ein Spitzname, der seiner unverwüstlichen Fähigkeit entstammte, allen Dingen eine gute Seite abzugewinnen.
Vom Leiden dieses Nachum erzählt eine Sage, die sowohl tröstlich als auch vorbildlich geworden ist: Er war in seiner Jugend erblindet, seine Hände hatten ihm die Römer abgehauen, sein Leib war von Geschwüren bedeckt, er lag in einer baufälligen Hütte, lebte von Almosen – und dankte Gott tagtäglich für die Gabe des Lebens. Stets bereit, anderen Bettlern, Krüppeln und Siechen Zuspruch zu spenden, sah er in seinem Leiden die gerechte Strafe für seine Verfehlungen – in der festen Überzeugung, der Empfänger von Gottes unverdienter Gnadenliebe zu sein. Auf die Frage, was denn sein Gottvertrauen so gestärkt habe, war seine lakonische Antwort: die Leiden – denn sie sind ja die Liebeszüchtigungen unseres Vaters im Himmel.
Derselben Meinung war auch Jeremia, der wie kein anderer Prophet sein Volk mit Drohworten und Scheltreden überhäufte und seine sprichwörtlichen Jeremiaden mit einer grauenvollen Schilderung der bevorstehenden Zerstörung Jerusalems krönte. Derselbe Jeremia jedoch kaufte sich, als Zeichen seiner Zuversicht, mitten in der Belagerung Jerusalems durch das babylonische Heer einen Acker im benachbarten Anathot, »denn so spricht der Herr der Heerscharen, der Gott Israels: Man wird wieder Häuser, Äcker und Weinberge kaufen in diesem Lande ... denn es ist kein Ding unmöglich vor dem Herrn.« (Jer 32,15ff.) Eine Weissagung, die nach der Tempelzerstörung und

der babylonischen Gefangenschaft voll in Erfüllung gegangen ist.
Daß Gott nur straft, um Sünder zur Umkehr und zur Neubesinnung zu führen, auf die dann wieder Vergebung, Wohl und Heil folgen, das ist eigentlich die Grunddynamik der Heilsgeschichte für alle Propheten im alten Israel. Daß also Unheil nur eine Vorstufe des Heils ist und daß Gott die Schwachen liebt und sich der Demut erbarmt, ja, daß »das, was schwach ist vor der Welt, von Gott erwählt wurde, damit er zuschanden mache, was stark ist«, wie Rabbi Paulus es den Korinthern kundtut (1 Kor 1,27) – diese Botschaft läuft wie ein roter Faden durch die meisten Bücher der Bibel. In den Worten Jesajas: »Ich bot meinen Rücken dar denen, die mich schlugen, und meine Wangen denen, die mich rauften. Mein Angesicht verbarg ich nicht vor Schmach und Speichel. Denn Gott der Herr hilft mir ... wer will mich da verdammen.« (Jes 50,6 ff.)
Noch klarer besagen das die Klagelieder Jeremias, die das bittere Schicksal Jerusalems beweinen, aber zugleich auch den Geschundenen Zuspruch erteilen: »Es ist ein köstlich Ding für einen Mann, daß er das Joch in seiner Jugend trage. Er sitze einsam und schweige, wenn Gott es ihm auferlegt, und stecke seinen Mund in den Staub. Vielleicht ist noch Hoffnung ... Denn der Herr verstößt nicht auf ewig. Er betrübt wohl, aber erbarmt sich wieder nach seiner großen Güte.« (Klgl 3,27.31)
Dieser enge Zusammenhang zwischen Leidenskraft, Gottvertrauen und Hoffnung kommt in unzähligen Einzelheiten und Überlieferungen dieses Hiobsvolkes zum Ausdruck, dem Gott den Namen Israel gab.
Schon im Zweiten Buche Moses, bei der Beschreibung der harten Sklavenarbeit der Hebräer in Ägypten und der brutalen Unterjochung durch Pharao und seine Fronvögte heißt es in bestechender Kürze: »Aber je mehr sie das Volk bedrückten, desto stärker mehrte es sich und breitete sich aus.« (Ex 1,12)
Kein Wunder, daß die meisten Freiheitsbewegungen innerhalb und außerhalb der Kirchen – von den Katharern in der Provence über die Waldenser in Norditalien, die Hussiten in Prag,

die Puritaner in England und die Pilgrim Fathers, die in Amerika ihr Gelobtes Land erbauten – ihre Inspiration, ihr Heilsvokabular und ihre Legitimation im Auszug Israels aus der Knechtschaft in Ägypten suchten. Hutterer, Mormonen, Baptisten, Methodisten und Freikirchler sahen in der Standfestigkeit der Hebräer, die letzten Endes über alles Scheitern zu triumphieren vermochte, ein Vorbild für ihre eigene Sache.
So heißt es in der letzten Rede Martin Luther Kings, dem Vorkämpfer der Schwarzen Emanzipation in den USA, die er in Memphis 1968 hielt: »Ich weiß nicht, was jetzt geschehen wird. Aber im Grunde macht es mir nichts aus ... Denn ich war oben am Berggipfel des Nebo und habe das Gelobte Land gesehen ... Es mag sein, daß ich es nicht schaffen werde, aber wissen sollt Ihr: Wir als Volk Gottes werden aus der Sklaverei heraus in das Verheißene Land kommen. Ich fürchte keinen Menschen, denn meine Augen haben die Herrlichkeit der erfüllten Verheißung gesehen.«

Wenn der Messias kommt

Ganz in diesem Sinne besagt eine uralte Tradition, daß der Messias am neunten Tage des Monats Ab zur Welt kommen soll – derselbe Tag, an dem beide Male der Tempel in Jerusalem zerstört worden war.
Im Talmud findet sich eine Erzählung, mit der Rabbi Judan diese seltsame Verknüpfung von Zerstörung und Zuversicht beleuchtet: »Einst pflügte ein Jude seinen Acker, als die Kuh, die den Pflug zog, zu brüllen begann. Ein vorübergehender Araber bemerkte: ›Jude, spanne Dein Rind aus und löse die Pflugschar, denn der Tempel ist zerstört.‹ Da brüllte die Kuh zum zweiten Mal, und der Araber sprach: ›Jude, spanne dein Rind wieder ein und schirre deinen Pflug, denn der Messias ist geboren.‹« (J Ber 2,4)
Es ist merkwürdig, daß in dieser Legende ein Araber offensichtlich die prophetische Gabe besitzt, das Brüllen der Kuh so

tiefsinnig und weittragend zu deuten. Hier mögen Anklänge an den Heidenpropheten Bileam mitwirken, der das Brüllen seiner Eselin als inspirierte Rede verstand. In der jüdischen Überlieferung wird nun nach dem Namen des Messias gefragt. Sein Name ist *Menachem*, der Tröster, so lautet die Antwort, und deshalb wird bis heute dem Monat Ab die Bezeichnung Menachem beigegeben – der große Trostmonat.

In einer hebräischen Handschrift aus dem Hochmittelalter bedient sich Rabbi Mosche Ha-Darschan aus Narbonne des uralten Sinnbildes der »Wehen des Messias«; um den Tag der Tempelzerstörungen als Geburtstag des Messias biblisch zu »beweisen« – mittels zweier Prophetenzitate: »Denn ich höre ein Geschrei, wie von einer Gebärenden«, so weissagt Jeremia zu Ende seines Schuldspruches über Israel, »Angstrufe wie von einer, die in den ersten Kindsnöten liegt; ein Geschrei der Tochter Zions, die da keucht und die Hände ausbreitet: Ach, weh mir! Ich muß vergehen vor den Würgern.« (Jer 4,31)

Diesen noch blassen Hoffnungsstrahl verstärkt Jesaja, indem er das Leid verkürzt, nur um ihm noch am selben Tage das Heil folgen zu lassen: »Ehe sie die Wehen bekommt, hat sie geboren; ehe sie in Kindsnöte kommt, ist sie eines Knaben genesen. Wer hat solches je gehört? Wer hat solches je gesehen? ... Kaum in den Wehen, hat Zion schon ihre Kinder geboren. Sollte Ich, der gebären läßt, den Schoß verschließen – so spricht der Herr. Freuet euch mit Jerusalem und seid fröhlich über die Stadt, alle, die ihr sie lieb habt! Freuet euch mit ihr alle, die ihr über sie getrauert habt!« (Jes 66,7–10)

In der Schau des Propheten sind also sowohl Schmerz und Leid als auch Drangsal und Wehen ein unleugbarer Teil des Menschenlebens, aber für den gläubig Hoffenden sind sie alle, wie im Gleichnis der Geburt, nur der nötige Auftakt zur Freude des kommenden Heils.

Wenn der Mensch umkehrt

Wie alt dieser Glaube an die Vorläufigkeit des Bösen und den endgültigen Sieg des Guten ist, bezeugt die Schilderung der Verderbnis der Menschheit vor der Sintflut, die dann in jenem schicksalsschweren Satz gipfelt: »Und es war Gott leid, daß er den Menschen auf Erden gemacht hatte ... und er sprach: Wegwischen will Ich die Menschheit von dem weiten Erdboden ... den Ich geschaffen habe.« (Gen 6,6–7)
Und dennoch endet das Kapitel der Menschheitsverderbnis mit einem Silberstreif am dunklen Horizont: »Aber Noach fand Gunst in den Augen Gottes.« (Gen 6,8) In dem düsteren Gemälde ist das der eine Lichtstrahl, der eine neue Zukunft verheißt – über die tödlichste Vernichtung hinweg.
So ganz und gar entarten kann Gottes Ebenbild niemals – so lesen wir zwischen den Zeilen – daß nicht ein Setzling für eine neue Pflanzung übrig bleibe. Ja, wenn Gott ein Gott der Güte, der Langmut und der Barmherzigkeit ist, wie die Schrift nicht müde wird zu betonen, so kann er auch ein bevorstehendes, von ihm angedrohtes Unheil abwenden, zurücknehmen oder zumindest lindern – *wenn* der Mensch Umkehr und Reue vollbringt. Mit den Worten Jesajas: »Habe Ich wider ein Volk Böses verkündet, und es kehrt von seiner Bosheit um, so nehme Ich das Böse, das Ich zu tun gedachte, zurück.« (Jes 18,7)
Es ist eben diese mögliche Zurücknahme oder Wiedergutmachung des Unheils, die der Prophet Jona verkannt hatte, indem er nur die Unheilsdrohung als unwiderrufliches Gottesurteil über Niniweh zu predigen bereit war. Als aber der Sündenpfuhl jener Heidenmetropole sich »von seinen bösen Wegen bekehrte, da reute Gott das Übel, das er ihnen angekündigt hatte, und er tat es nicht.« (Jonah 3,10) Erst dann bricht es aus dem enttäuschten und öffentlich bloßgestellten Propheten heraus: »Ach, Herr, das ist es ja, was ich dachte ... weshalb ich auch eilends nach Tarschisch fliehen wollte, denn ich wußte, daß Du gnädig, barmherzig und von großer Güte bist und läßt Dich des Übels gereuen.« (Jonah 4,2)

So belehrt uns Jonahs Schicksal, daß Buße Frucht trägt, daß Gott Gnade vor Recht ergehen läßt und daß das Unheil nie das letzte Wort Gottes ist.

Derselbe Gedanke kommt bei den ältesten Schriftauslegern zum Ausdruck – als Antwort auf die Frage, warum Kapitel 38 im Buche Genesis, das die Geschichte von Juda und Tamar erzählt, scheinbar ohne jedweden Zusammenhang in die Josephsgeschichte eingefügt worden war. Die Deutung besagt, daß der Sinn dieses Kapitels erst aus seinem Schluß zu ersehen ist, der auf die Geburt des Perez hinausläuft. Dieser aber ist der Ahnherr Davids und des jüdäischen Königshauses, aus dessen Nachkommenschaft der Messias erwartet wird. Da aber mit der Hinabführung Josephs nach Ägypten die Vorgeschichte der langen Knechtschaft Israels beginnt, kommt bereits *vor* dieser Unterjochung der Stammvater des künftigen Heilsbringers zur Welt. Kurzum: noch ehe ein Leidensweg beginnt, wird schon der Erlöser geboren.

Auf diesem Urgestein biblischer Zuversicht ruht jene Kraft, die gerade aus Scheitern und Leiden den Mut zur neuen Hoffnung schöpfen kann.

»Und ob ich auch wandere im finsteren Tal des Todes, fürchte ich kein Unglück. Denn Du bist bei mir, Herr, Dein Stab und Dein Stecken trösten mich.« (Ps 23,4) So betete einst David in tiefster Not – und hundert Generationen von Juden haben es, oft aus der Talsohle der Verzweiflung, mit ganzem Herzen nachgebetet.

Auf die Frage, warum die tiefe Not so eng mit der höchsten Freude verknüpft ist, antwortete einst Rabbi Pinchas von Koretz, eine der Leuchten des Chassidismus: »Das Korn, das in die Erde gesät wird, muß sterben und zerfallen, damit die neue Ähre sprieße. Die Kraft kann nicht auferstehen, wenn sie nicht in die große Verborgenheit eingeht ... In der Schale des Vergessens wächst die Wucht der Erinnerung. Nur in der Finsternis gedeiht das neue Licht. Das ist die Macht der Erlösung.« (Martin Buber, Werke III, München–Heidelberg 1963, S. 241f.)

Was der Schneider Itzik lernte

Daß man durch Leid zum Glück gelangen kann, auch wenn man über den Umweg des Scheiterns gehen muß, kann auch auf humorvolle Weise bewiesen werden. Das ist der Sinn einer chassidischen Geschichte aus der russischen Kleinstadt Nemirov, die schon seit langem zum Legendenschatz des Judentums gehört. Dort gab es nämlich vor rund 200 Jahren einen gewissen Itzik, ein Schneider, der stadtbekannt war, weniger wegen seines Flickwerkes als wegen seiner lautstarken, frechen Kinderschar – elf Kinder an der Zahl, die allesamt die Umgebung verunsicherten. Wie er mit alle den Kindern samt Frau, Schwiegermutter und einer alten Tante in einer baufälligen Hütte mit zwei Zimmern friedlich leben konnte, war ein Geheimnis, das niemand zu lüften wußte. Niemand – außer dem Rabbi, doch der war in privaten Angelegenheiten verschwiegen wie das Grab. Und wenn ihn jemand fragte: »Sag mal, Itzig, warum bist du so quietschvergnügt?«, da lächelte der Schneider verschmitzt, schaute zum Himmel hinauf, als wollte er andeuten, daß alles Glück von oben käme – und nähte ungestört weiter.
Doch das war nicht immer so. Als Jakob, sein elftes Kind, zur Welt kam, drohte das Eheglück zu enden. Frühmorgens schon begann das Gezänk, das Heulen der Kinder und das Meckern der Ziege, die im Garten vor dem Hause angebunden war. Es war, um aus der Haut zu fahren. Und so ging Itzig der Schneider zum Rabbi um Rat: »Wir haben zwei Zimmer, Rabbi, und wir sind 14 Seelen insgesamt. Was soll ich da tun?« So fragte er.
»Seid ihr alle gesund?« wollte der Rabbi wissen.
»Ja, Gott sei Dank!« erwiderte Itzik.
»Habt ihr euer Auskommen?«
»Zum Brot und zur Suppe reicht es«, gab der Schneider zu.
»Was fehlt dir dann noch?« fragte der Rabbi erstaunt.
»Eng ist es uns geworden«, seufzte Itzik, »so eng, daß ich unsere Ziege beneide, die allein den ganzen Garten hat.«
»So«, sagte der Rabbi: »Eine Ziege hast du auch?«
»Sonst hätten wir doch keine Milch für die Kleinen«, entschul-

digte sich der Schneider, »aber vor lauter Platzmangel reibt man sich aneinander wund, und da kommt's zum Streit, so daß ich nicht mehr arbeiten kann. Was soll ich denn da tun?«
Eine Zeitlang kräuselte sich der Rabbi seinen grauen Bart, ehe er antwortete: »Hol die Ziege ins Haus hinein!«
Der Schneider traute seinen Ohren nicht: »Was soll ich mit der Ziege tun?« fragte er verdutzt.
»Bring sie ins Haus zu dir!«
»Aber das geht doch nicht! Zu vierzehn sind wir und können vor Platznot kaum noch atmen – und da soll die Zi-Ziege ... « – er stotterte vor Aufregung, aber der Rabbi blieb bei seinem Entschluß: »Bring die Ziege ins Haus hinein!« Und so geschah das Undenkbare. In der Zimmerecke wurde eine Nische abgezäunt, eine Kette in der Wand befestigt – und die Ziege kam als Untermieterin in das Schneiderhaus. Eine Woche lang hielt Itzik die Hölle auf Erden aus. Eine Woche lang erduldete er das Geschrei und Gezeter seiner Großfamilie, das nun durch das Gemecker der Ziege gekrönt wurde. Dann riß ihm die Geduld. Gleich nach dem Morgengebet lief er zum Rabbi und schüttete sein Herz aus: »So kann das nicht weitergehen!« röchelte er aus heiserer Kehle: »Ich kann nicht mehr schlafen, die Arbeit stockt, und wir werden alle verrückt.«
»Gut«, sagte der Rabbi, »jetzt nimm die Ziege heraus!«
»Hinaus in den Garten?« wollte Itzik sich vergewissern.
»Dort, wo sie früher war«, bestätigte der Rabbi. Mit frohen Schritten eilte der Schneider nach Hause. Zu Mittag war die Ziege an ihrem gewohnten Platz, und alles schien wieder beim alten. Doch nein! Ganz unerwartet war es jetzt viel ruhiger; der Lärm nahm ab; auf einmal schien die Hütte doppelt so groß zu sein, man nahm Rücksicht aufeinander, und hie und da war es sogar ganz mäuschenstille.
Am Sabbath nach dem Gottesdienst kam der Rabbi auf den Schneider zu: »Na, wie geht's bei euch?« fragte er mit heiterer Miene.
»Ausgezeichnet, Gott sei es gedankt!«
»Und der Ziege?«

»Der auch!«
Und so wurde die alte Ziege zum Friedensstifter, mehr noch: zum Zu-Frieden-Macher, und die Kunde verbreitete sich wie ein Lauffeuer über die ganze Stadt. Das Fazit der Geschichte liegt auf der Hand: Auch aus Leid und Lebensweisheit, wenn die Hoffnung nicht fehlt, kann jeder sich ein Stückchen Glück erbauen.

In der tiefschürfenden Talmuddebatte über den Sinn der Heimsuchungen, mit denen Israel seit der babylonischen Gefangenschaft so reichlich bedacht worden ist, sagte Rabbi Jehoschua: »Jeder, der sich über Leiden freut, die über ihn kommen, bringt Läuterung und Heil in die Welt. Denn so heißt es ja: Durch sie wird die Welt geheilt.« (Jes 64,4 und Taanit 8a)

Jerusalem

Was für die erste Tempelzerstörung 586 vor der Zeitrechnung galt, gilt mit Nachdruck auch für die zweite Verwüstung Jerusalems durch die Römer im Jahre 70. Nach einer schier unaufhörlichen Reihe von 62 jüdischen Kriegen, Aufständen und Rebellionen gegen das Heidenjoch, in der es der unbedeutenden Randprovinz Judäa gelang, die besten Streitkräfte des römischen Kaiserreiches herauszufordern, ging Judäa unter – in einem Meer von Blut, Barbarei und Heidenwut. Der Tempel ward zum Trümmerhaufen, Hunderttausende von Juden wurden gekreuzigt, Aberhunderttausende als Sklaven nach Rom verkauft, ein Großteil des Volkes wurde in die Verbannung getrieben – und Salz wurde auf die Felder Judäas gestreut, um sie für ewig unfruchtbar zu machen. Aus jener Schreckenszeit, als alles im Judentum zu Ende zu gehen drohte, stammt eine berühmte Episode, die wie kaum eine andere die unerschütterliche Hoffnungskraft der Juden zu veranschaulichen weiß.

»In jenen Tagen geschah es«, so lesen wir im Talmud, »daß Rabbi Akiba mit drei seiner Schüler hinauf nach Jerusalem pilgerte. Als sie den Skopusberg erreichten, zerrissen sie ihre

Kleider. Als sie den Tempelberg erreichten, sahen sie einen Fuchs, der aus dem Raum des Allerheiligsten streunte. Da fingen sie an zu weinen. Aber Rabbi Akiba lächelte. Sie sagten zu ihm: Warum lächelst du? Er sagte zu ihnen: Warum weint ihr? Sie antworteten: In dem Ort, von dem geschrieben steht: ›Der Fremde, der sich naht, soll sterben‹ (Num 1,51), in dem gehen jetzt unreine Tiere umher – wie sollten wir da nicht weinen! Er sagte zu ihnen: Eben deshalb lächle ich. Denn es steht doch geschrieben von Uria, dem Propheten: ›Darum soll euretwegen Zion zum Feld umgepflügt werden ... Jerusalem wird zum Steinhaufen und der Tempelberg zum wilden Gestrüpp veröden.‹ (Jer 26,18) Bei Sacharja aber steht geschrieben: »Die Zeit wird kommen, wo Greise und Greisinnen auf den Plätzen Jerusalems sitzen, und die Straßen der Stadt sollen wimmeln von Knaben und Mädchen, die fröhlich auf ihren Plätzen spielen.‹ (Sach 8,4) Solange die düstere Weissagung Urias sich nicht erfüllt hatte, konnte ich fürchten, daß sich die Frohbotschaft Sacharjas auch nicht erfülle. Jetzt aber, da sich das Unheilswort des Uria vor unseren Augen erfüllt hat, ist es ganz gewiß, daß auch die Prophezeiung des Sacharja ganz wörtlich in Erfüllung gehen wird. Da sagten sie zu ihm: Akiba, du hast uns getröstet; in der Tat, Rabbi, du hast uns getröstet!« (Makkot 24a/24b)

In der heutigen Rückschau können wir nur bestätigen, daß Rabbi Akiba Recht behalten hat: Die Stadt Jerusalem, elf mal zerstört, sechzehnmal geplündert, zur Beute preisgegeben und gebrandschatzt, ist heute wieder aufgebaut als Hauptstadt eines Judenstaates, in der alte wie junge Menschen frei und unabhängig leben können.

Doch all dies lag im ersten Jahrhundert noch im Schoß der Zukunft und mutete angesichts des grauenvollen Unterganges wie absurde Träumerei an. Und dennoch war der heilige Rest des Volkes nicht bereit aufzugeben. Mehr noch! Wenn die Katastrophe der siebziger Jahre A. D. nicht hingenommen wird; wenn es in den Jahren 115–117 zum jüdischen Aufstand gegen den Kaiser Trajan kommt und trotz grausamster Unterdrückung 15 Jahre später die Barkochba-Rebellion ausbricht, die drei Jahre lang zum erneuten Aufflackern jüdischer Freiheit führt; wenn man in Galiläa noch anno 351 zu den Waffen gegen Konstantin greift, ja, wenn es noch im Jahre 614 – mehr als ein halbes Jahrtausend nach der Verwüstung Judäas – zu einer gemeinsamen Erhebung jüdischer Kämpfer mit den Persern kommen kann, so spricht aus all diesem aussichtslosen Widerstand nicht nur der Freiheitswille eines kleinen Volkes, sondern auch der Funke eines messianischen Feuers, das Hoffnung, Gottvertrauen und Erlösungsdurst zu einer gewaltigen Flamme zu entfachen entschlossen ist. Ein Feuer des Sieges über alle Mißerfolge, das bis heute niemand auszulöschen vermochte.

Alle Niederlagen und Schicksalsschläge der Vergangenheit freilich verblassen im Vergleich mit dem Völkermord, der in unseren Tagen ein Drittel aller Juden ihres gottgegebenen Lebensrechtes beraubt hat. Doch wer da meint, jene Ausrottung habe alle Todgeweihten der Hoffnungslosigkeit preisgegeben, der irrt. Inmitten des Infernos jenes sinnlosen Blutbades einer wehrlosen Minderheit konnte ein Jude auf eine Wand des umzingelten Warschauer Ghettos kritzeln:

»Ich glaub, ich glaub, ich glaube
ehrlich, unerschütterlich und fromm,
daß der Messias komm!
An den Messias glaube ich
und wenn er auf sich warten läßt,
glaub ich darum nicht weniger fest.
Selbst wenn er länger zögert noch
an den Messias glaub ich doch!
Ich glaub, ich glaub, ich glaube.«

Am Vorabend seiner Deportation in die Gaskammern schrieb Janusz Korczak, der Leiter des von ihm gegründeten jüdischen Waisenhauses in Warschau: »Morgen früh also ist es soweit ... Ich kann das Dunkel der Vorsehung nicht aufhellen. Ich kann nur notgedrungen hoffen, daß selbst der Erstickungstod, den meine Kinder und ich erleiden werden, den erlösenden Sinn haben wird, Menschlichkeit wachzurufen.« (Allein mit Gott, Gütersloh 1980, S. 19)

Was vermögen Kreuzigung, Konzentrationslager und Kriegsbarbarei gegen solche Gottgewißheit auszurichten, die mit Hiob zu sagen vermag: »Möge Er mich auch töten; ich hoffe dennoch auf Ihn!« (Hiob 13,15)

Und Auschwitz

Sucht man nachträglich einen Sinn in jenem Wahnsinn, der den Namen Auschwitz trägt, so ist er vor allem in der Tatsache zu finden, daß das Nein der Vernichtung nicht das letzte Wort behielt – noch behalten darf. Als der Morgen nach jener langen Gottesfinsternis über den Krematorien und Leichenhaufen graute, gab es Überlebende, die mithalfen, den Staat Israel zur Welt zu bringen – als das markanteste Symbol jüdischer Lebensbejahung. Wenn man Einblick gewinnen könnte in die kollektive Volksseele des heutigen Judentum, um sein Selbstverständnis zu eruieren, so würde man es wohl am besten als »österlich« definieren: Denn Auschwitz und Jerusalem, die Massenkreuzigung und die nationale Auferweckung Israels – sie verhalten sich zueinander wie Karfreitag und Ostersonntag im Herzen eines gläubigen Christen. Nach Golgotha hätte es kein Christentum gegeben – ohne die Auferstehung »am dritten Tage« danach.
Ohne die Leiden von Auschwitz und das hierauf erwachende Weltgewissen wäre es vielleicht nicht zu jener nationalen Auferstehung 1948 gekommen, die so manche fromme Juden mit der Prophezeiung Ezechiels von Öffnen der Gräber und der Wiederbelebung der toten Gebeine verbinden. (Ez 37)
Nicht von ungefähr nannte der Papst bei seinem jüngsten Besuch jene Todesfabrik in seiner früheren Diözese »das Golgotha unserer Zeit«, womit er einen Schicksalsbogen spannte, der das Jerusalem des Jahres 30 mit Polen anno 1945 verbindet. Judenopfer – Heidenhenker, die Verzweiflung und das Aufblühen neuer Hoffnungskraft – diese vier Grundelemente verbinden die beiden sonst so verschiedenen Geschehnisse in einer

Kontinuität des Glaubens, der über Scheitern, Leid und Tod obsiegt.
Denn am Anfang steht ja auch im Christentum der Mißerfolg: Dreimal scheitert Jesus von Nazareth; dreimal erfährt er den Schmerz tragischer Enttäuschung:
»Noch ehe ihr mit den Städten Israels fertig seid, wird der Menschensohn kommen« (Mt 10,23), so verspricht er seinen Jüngern bei ihrer Aussendung zur Mission. Die Jünger kehren zwar zurück, aber nichts hat sich verändert. Und so kommt es zu einer Revision seiner Botschaft, die in der berühmten Aussage gipfelt: »Das Reich Gottes ist inwendig in euch!« (Lk 17,21) Doch auch diese Verinnerlichung des Himmelreiches genügt der Jüngerschar nicht, die angesichts der wachsenden Drangsale auf die wahrnehmbare Erlösung pochen. Und so kommt es zu jener letzten äußersten Anstrengung, die zu seinem freiwilligen Opfergang in Jerusalem führt. Er endet, wie vorauszusehen war, am Römerkreuz – mit jenem Verzweiflungsschrei: »Mein Gott, mein Gott, warum hast Du mich verlassen?« (Mk 15,34)
Und dennoch starb Jesus nicht in Verzweiflung – sondern rang sich mit den Worten von Psalm 22 zu jener Heilsgewißheit durch, mit der das uralte Klagegebet Davids endet: »Sie werden kommen und Gottes Gerechtigkeit predigen dem Volk, das noch geboren wird. Denn der Herr hat es vollbracht.« (Ps 22,32.)
Für Jesu Jüngerschar war sein Qualentod jedoch das Scheitern des Himmelreiches. War nun der große Traum zu Ende geträumt? Widerlegte das Kreuz da alle Hoffnung ein für allemal? Das konnte nicht sein! So mußte ihr Herz aufbegehren. Das durfte nicht geschehen! Wenige Stunden später, noch vor Sonnenaufgang des »dritten Tages« nach Karfreitag, geschah jenes undefinierbare Ostererlebnis, das niemand zu erklären vermag, das aber unter dem Namen »die Auferweckung Jesu von den Toten« neue Hoffnungen zu entzünden vermochte.
In der Rückschau können wir feststellen, daß die Passion Jesu unverzichtbar war, um in der Auferweckung ihre Krönung zu finden. Welches ist der Kern der christlichen »Kreuzes-Theologie«? Daß aus dem Martyrium neues Leben sprießt; daß aus den

letzten Qualen eines Juden der Lebenswille den Tod besiegen kann; daß aus seiner unsterblichen Hoffnungskraft eine weltweite Zuversicht auferstanden ist. Die Zuversicht, daß unserem Dasein auf Erden ein Sinn innewohnt, der nicht vergehen noch verwesen kann. Nirgends ist das Christentum jüdischer als in dieser zielbewußten Deutung der Ermordung eines Glaubenshelden als des Öffnens einer Tür zum ewigen Leben.

Der jüdische Aber-Dennoch-Glaube

Zu Zeiten der Glaubensnot wird die Geschichte erzählt von jenem Juden, der mit Frau und Kind der spanischen Inquisition entflohen ist und über das stürmische Meer in einem kleinen Boot zu einer steinigen Insel trieb. Es kam ein Blitz und erschlug die Frau. Ein Sturm schleuderte sein Kind ins Meer. Allein, nackt und barfuß, geschlagen vom Sturm und geängstigt von Donner und Blitz erhob er seine Hände zum Himmel und sprach: »Gott von Israel – ich bin hierher geflohen, um Dir zu dienen und Deinen Namen zu heiligen. Du aber hast alles getan, damit ich nicht mehr an Dich glaube. Es wird Dir aber nicht gelingen. Du kannst mich schlagen und mir das Teuerste nehmen, das ich auf der Welt habe. Du kannst mich zu Tode peinigen – aber dennoch werde ich immer an Dich glauben. Ich werde Dich immer lieb haben – Dir selber zum Trotz!«
Atheisten und Spötter mag all dies an Münchhausen erinnern, der sich am Zopf der eigenen Zuversicht aus dem Sumpf der Resignation gezogen hat: ein Utopismus der Weltflucht, der sich Heilsvisionen vorgaukelt, die letztlich auf Selbstbetrug beruhen. In diesem Sinne heißt es des öfteren in den Veröffentlichungen atheistischer Staaten: »Das Judentum ist eitel Aberglaube; seine Zuversicht auf das himmlische Heil ist pure Illusion, und sein Glaube an die Auferstehung ist erst recht ein sinnloser Aberglaube.«
Ein einziges Wort fehlt, um diese zynische Abwertung in eine tatsächliche Feststellung zu verwandeln: Nicht Aberglaube ist

das Judentum, sondern ein Aber-Dennoch-Glaube, der aus allen Gewalttaten, Niederlagen und Untergängen immer wieder den Ausweg fand, um aus dem Glauben nach oben den Mut nach vorne zu schöpfen.
Aber dennoch!! Dieses Trotzwort durchzieht wie ein roter Faden die Annalen des jüdischen Widerstandes.
So heißt es im 73. Psalm in Worten schlichter Nüchternheit:
»Ich wäre fast gestrauchelt ...
um ein Haar hätten meine Schritte gewankt
denn ich wurde eifersüchtig auf die Prahler
als ich das Wohlsein der Gottlosen erblickte ...
doch ich bin täglich geplagt
und meine Züchtigung ist jeden Morgen da.«
Doch in der Folge lesen wir die Verse, die Martin Buber auf seinen Grabstein meißeln ließ, als die einzig gültige Antwort auf das quälende Rätsel der Theo-dizee:
»*Aber dennoch* bleibe ich stets bei Dir
denn Du hältst mich bei meiner rechten Hand
Du leitest mich nach Deinem Rat
und nimmst mich am Ende mit Ehren an.«
Ähnliches schwingt mit in der Antwort der Juden auf die stolze Frage des Nebukadnezar, welcher Gott sie wohl aus seiner Hand erretten würde, falls sie sich weiterhin weigern sollten, sein goldenes Götzenbild anzubeten: »Es ist nicht nötig, daß wir Dir darauf antworten. Wenn unser Gott es will, so kann Er uns erretten – aus dem glühenden Ofen und aus deiner Hand ... *Aber* wenn Er es nicht tun will, so sollst du *dennoch* wissen, daß wir deinem Gott nicht huldigen noch ihn anbeten werden.« (Dan 3,16 ff.)
Nachdem Königin Esther drei Tage lang gefastet und gebetet hat, liefert sie sich freiwillig der Lebensgefahr aus, um ihr Volk zu retten. Ihr fragloses Gottvertrauen drückt sie dabei in sechs hebräischen Worten aus, die zum Inbegriff gläubigen Vertrauens geworden sind: »Komme ich um, so komme ich um – *aber dennoch* hoffe ich auf Ihn«. (Est 4,16)
Was ist die Quelle solcher Glaubenskraft? Es ist die Frohbot-

schaft beider Testamente, die dem Hellhörigen bezeugt, daß Ohnmacht keine Schwäche sein muß noch das Scheitern einem Versagen gleichkommt, sondern ganz im Gegenteil ein Tor zu neuer Zuversicht erschließen kann. »Gott hat viele Namen«, so sagte Martin Buber: »Erfolg ist nicht darunter.«
Nichts anderes besagt der Leidensweg des Nazareners und der dreitausendjährige Pilgerweg seiner Brüder, die Jesaja »die Gott Erhoffenden« nennt; die Gefangenen der Hoffnung«, wie sie bei Sacharja heißen. (Zach 9,12)
Es ist keine billige Hoffnung, die ins Gelingen verliebt ist, sondern ein Anknüpfen an Gott, das auch am Scheitern die Hoffnung zu schärfen weiß, um aus Trauer Trost, aus Verlassenheit Verlaß und aus Leiden einen Zipfel neuer Kraft zu bergen.
Hört es doch, Ihr Zweifler und Schwarzmaler, die Ihr »no Future« heult und Gott ins Gesicht gähnt! Wer niemals Mut zum Träumen hat, hat auch die Kraft zum Ringen nicht.
Nicht um Verherrlichung der Leiden noch um Krücken für Schwächlinge geht es hier, sondern um tatkräftiges Vertrauen auf ein höheres Geführt-Werden, das sich zur handfesten Realität verdichten kann. Fest genug, um allen Wirklichkeiten standzuhalten.
Es ist diese in Scheitern und in Prüfungen entfachte Hoffnung, die zum »Tun der Wahrheit« anspornt, wie Jesus es gesagt hat. Wir haben sie, diese Hoffnungsmacht, im Sog unserer Scheinerfolge, der Krisenangst und Panikmache, fast verlernt.
»Die mit Tränen säen«, sagt Psalm 126 von den Ertrotzern der Hoffnung, »sie werden mit Jubel ernten.«
So mag denn Rabbi Paulus uns das Schlußwort liefern: »Wir wollen uns der Drangsale rühmen, da wir wissen, daß die Drangsal Geduld bewirkt; die Geduld Bewährung bringt und die Bewährung zur Hoffnung führt. Die Hoffnung aber läßt nicht zuschanden kommen.« (Röm 5,3–5)

Vertrauen aus dem Grauen
Apokalyptik in biblischer Sicht

Apokalyptische Schreckensbilder; die Endschlacht bei Harmaggedon; die Apokalyptik des atomaren Wettrüstens; »Apokalypse Now!« All diese und ähnliche Klischees aus der heutigen Terminologie der Massenmedien verkünden lautstark den bevorstehenden Weltuntergang als unvermeidliches Ergebnis der modernen Vernichtungswaffen.
Apokalyptisch wird dabei als furchterregendes Synonym für ›katastrophal‹ verwendet, eine Verbal-Inflation, die im George-Orwell-Jahr 1984 zum Alptraum des Unheils geworden ist – dies durchaus im Unterschied zu jener seltsamen Literatur aus den Jahren der Zeitenwende, der man, mangels einer passenderen Benennung, den Namen von Apokalyptik gegeben hat, »denn eben wo Begriffe fehlen«, wie Mephistopheles den Faust belehrt, »da stellt ein Wort zur rechten Zeit sich ein.«
Wer den Begriff Apokalyptik verwendet, sollte sich der Tatsache bewußt bleiben, daß es bisher noch nicht gelungen ist, ihn auf eine befriedigende Weise zu definieren[1].
Dieser von Gerhard von Rad beschriebene Tatbestand wird von einer überwältigenden Fülle widersprüchlicher Aussagen der Forschung bestätigt, die bis heute nicht einmal in der systematischen Abstimmung der einzelnen Methoden einen breiten Konsens erreichen konnte. Dennoch wollen wir eine Antwort auf die Grundfrage wagen: Was ist Apokalyptik eigentlich? Zutiefst ist sie ein Sproß jener unbezähmbaren Glaubenskraft, die die göttlichen Verheißungen gerade im tiefsten Leid zu bewahren und bewähren weiß.

Dieser Hunger nach dem Gottesreich, dieser urjüdische Durst nach Erlösung ist eine alte Leidenschaft, die häufig Leiden schafft, aber auch Berge zu versetzen vermag.
Die Apokalyptik bringt eine neue Gattung jüdischer Literatur während der letzten zwei vorchristlichen Jahrhunderte hervor, die als eine Spätform der Prophetie gelten kann, obwohl man ihr deutlich anmerkt, daß ihr die Heilsgeduld abhanden gekommen ist. Ihr Name stammt aus der Überschrift der Offenbarung des Johannes von Patmos im Neuen Testament und besagt auf Griechisch: Enthüllung, noch besser: Entschleierung, was genau dem visionären Charakter dieses Schrifttums entspricht, das letzten Endes trösten will – auch wenn es sich häufig der Umwege des Entsetzens und des Schauderns bedient.
Als Wendepunkt zwischen der prophetischen und der apokalyptischen Literatur können wir die Rückkehr des Volkes Israel aus dem babylonischen Exil betrachten – eine Zeit, die sowohl erneute Hoffnung auf die Erfüllung der alten Verheißungen als auch Enttäuschung mit der immer erbärmlicheren Gegenwart, mit dem zunehmenden Druck fremder Herrscher und den inneren Spaltungen im alten Israel mit sich bringt. Psalm 74 könnte als Motto für alle Apokalyptiker dienen. Dort heißt es: »Zeichen für uns sehen wir nicht, kein Prophet ist mehr da, und keiner ist bei uns, der weiß, bis wann. Bis wann, o Gott, soll höhnen der Bedränger, soll der Feind Deinen Namen verachten immerfort? Warum ziehst Du Deine Hand und Deine Rechte zurück? Zieh sie hervor aus Deinem Busen, mach ein Ende!«[2]
Dieses »Bedrängen der Endzeit«, wie es auf hebräisch heißt (Mach doch ein Ende!), findet seinen Niederschlag in Vorstellungen eines kosmischen Endkampfes zwischen Gut und Böse innerhalb einer begrenzten Zeit, zu Ende einer periodischen Einteilung der restlichen Weltgeschichte mittels einer überirdischen Erlösergestalt, die zuguterletzt die absolute, endgültige Gottesherrschaft vom Himmel herabbringen wird.
Sowohl die jüdischen wie auch die späteren judenchristlichen

Endzeitler sind wahlverwandt mit Johannes von Patmos, »euer Bruder in der Bedrängnis, im Ausharren und in der Hoffnung aufs Reich«. (Apk 1,9)
Soweit sie eine Lehre haben, beruht sie auf einem Ernstmachen mit der biblischen Rede vom nahen Heil, »denn Meine Gerechtigkeit ist nahe und Mein Heil tritt hervor, und Meine Arme werden die Völker richten.« (Jes 51,5; 46,12; 56,1 etc.)
Das Weizenkorn, das von oben fällt, muß untergehen, so klingt es in ihren Worten immer wieder an, es muß tief in die Erde hinein sterben, auf daß die neue Ähre, in voller Pracht, ersprießen kann.
Höllenangst und Himmelssehnsucht wuchsen dabei zu einer sonderbaren Synthese zusammen, die den Deutern der Übergangszeit »zwischen den Äonen«, in der sie zu leben glaubten, zu einer ekstatischen Katharsis verhalf, für die alles Leid und alle Drangsal nichts anderes als Bestätigung ihrer Heilsschau war.
Die wesentlichen Merkmale dieser Schriften der Bedrängnis sind diese drei: erstens die Erwartung des Unterganges der gegenwärtigen Welt, zweitens die Absolutsetzung der messianischen Zeit und nicht zuletzt die Überwindung von Tod, Krieg und Satan durch die Entstehung einer neuen, idealen Welt auf Erden. Wenn man dem allem die Pseudonymität der Verfasser, die Universalität des Geschichtsverständnisses und eine schier unerschöpfliche Fülle von Bildern, Symbolen und Schreckensvisionen sowie eine synkretistische Uneinheitlichkeit hinzufügt, die wie ein Sammelbecken für die verschiedensten Einflüsse aus Nachbarkulturen anmutet, so ist es leicht verständlich, daß nur je eine Apokalypse Eingang in die beiden Testamente der Bibel gefunden hat: das Buch Daniel in der hebräischen Bibel und die Offenbarung des Johannes in das Neue Testament. Daß der Kanonisierung beider Visionen ein langer, bitterer Kampf innerhalb der Establishments beider Religionen vorausging, versteht sich wohl von selbst.

Ahnung und Vision

Der Zweck dieser Literatur ist zweifach: Trost zu spenden über das Elend des Volkes heute – mittels der Belehrung über das Unheil von *morgen*, dem das *übermorgige* Heil unverzüglich folgen muß. Was dabei vergessen wurde oder nicht bewerkstelligt werden konnte, ist der Bau einer gangbaren Brücke vom Heute zum Übermorgen. Das hat keiner der Apokalyptiker fertiggebracht.

Das Verdienst der Apokalyptik war es hingegen, die messianische Idee aus dem Halbdunkel der prophetischen Ahnung über das Licht des volkstümlichen Glaubens hinein in den Brennpunkt der verklärenden Vision zu rücken. Anders gesagt: Der Prophet hat *geweissagt*, das Volk hat *geglaubt*; und der Apokalyptiker *sah*, womit diese Spätstufe der großen Künder in Israel an ihren ursprünglichen Anfang anknüpft, denn als Seher treten ja die ersten der Propheten in Israel auf, wie es schon im 1. Buch Samuel heißt: »Vor Zeiten sagte man in Israel, wenn man ging, um Gott zu befragen, laßt uns zu dem Seher gehen[3], den man jetzt Propheten nennt«, d. h. zu Samuels Lebzeiten, und früher nannte man die Propheten »Seher«, als Empfänger mystischer Visionen. Es bedurfte eines mächtigen Anstoßes, eines Aufbrechens dessen, was schon lange innerlich gärte, als Reaktion auf die Flut seleukidisch-syrischer Greueltaten im 2. vorchristlichen Jahrhundert, um dieses Neue zu gebären.

Zeiten der Verfolgung in Israel waren immer auch Zeiten der Begeisterung, die Männer hervorbrachten, deren Elan und Geist dem Volk neue Hoffnung einzuflößen vermochte. David Ben Gurion sagte einmal: Der Staat Israel ist das Kind von Juden-Not und Juden-Traum; Traum im Sinne von Jesajas »Vision«[4].

Dieselbe Herkunft kann auch die Apokalyptik beanspruchen. Es ist, als ob eine geheimnisvolle Glaubensmacht letzte Verzweiflung in letztgültige Heilsgewißheit, Grauen in Vertrauen gewandelt habe, wobei es gerade die bitterste Not ist, aus deren Schoß die neue Zuversicht entspringt.

Katastrophen-Theologie! – so mögen viele nun abschätzig einwerfen. Zugegeben, aber ist nicht letztlich alle profunde, inbrünstige Gottessuche eine Art von Katastrophen-Theologie, die vom stummen Himmel eine Antwort herabringen und herunterbeten will, eine Antwort auf das drohende Unheil, das immer wieder aufkommt, auf das Böse auf Erden und auf die ewige Angst vor dem Tod? Was dieser Apokalyptik ihre Unvergänglichkeit und ihre heutige Relevanz verleiht, ist die Tatsache, daß gläubige Menschen überall von Gott im Grunde dasselbe erwarten: daß nämlich der Himmel die Erde nicht im Stich läßt, sondern »eingreift«, um Erlösung zu schenken. Und je dunkler die Zukunft erscheint, um so deutlicher zeichnet sich ein silberner Streifen am Horizont ab, der in beiden Bibel-Religionen den Namen des Messias trägt.

Diese Hoffnung handfest und greifbar in den Mittelpunkt des jüdischen Denkens gerückt zu haben ist der jüdischen Apokalyptik zu verdanken. Man könnte diese Apokalyptik schließlich auch als »Messianitis« bezeichnen, eine endemische jüdische Krankheit, oder besser gesagt, eine akute Entzündung der jüdischen Hoffnungsorgane, die immer wieder in den letzten 22 Jahrhunderten in ein Strohfeuer fieberhafter Naherwartung ausgemündet ist. So akut, daß der Patient kaum mehr zwischen ersehnter Zukunft und erlebter Gegenwart zu unterscheiden weiß. So fieberhaft, daß sie sogar die ärgsten Ängste und die schlimmsten Todesbedrohungen in Hoffnungsbilder und Heilsvisionen zu verwandeln weiß. Eine wahre Alchemie des Herzens, die immer wieder den Schlüssel herbeizaubert, um den Ausweg nach oben zu öffnen, gerade dann, wenn alle anderen Wege versperrt sind.

Realismus, Gottvertrauen, Weltbejahung

Doch wer ist eigentlich der Messias? Wörterbücher bezeichnen den Messias (auf hebräisch Maschiach, auf aramäisch Meschicha, auf deutsch der Gesalbte) zunächst als den verheißenen

Erlöser der Juden; der dann auch zum Erlöser der gesamten Menschheit bzw. zum Befreier aller unterdrückten Völker wird. Was steckt hinter diesem Begriff der Messianität?
Drei Dinge beinhaltet der jüdische Messianismus als Grundidee: *1.* Daß sein Kommen als Erlöser für notwendig oder besser: für notwendend gehalten wird, spiegelt die realistische Einschätzung wider, die im Judentum seit jeher hinsichtlich der Verderbtheit aller politischen Kräfte und ihrer sehr beschränkten Fähigkeit, Gottes Welt in gottgefälliger Weise zu regieren, vorgeherrscht hat. *Pessimismus* im Blick auf den Menschen schlechthin ist also der erste Eckstein der Messiasvorstellung.
2. Die Gewißheit seiner schließlichen Ankunft ist ein Artikel des Glaubens an Gottes fortwährende Fürsorge für seine Schöpfung, auch wenn diese Schöpfung sich dessen nicht als würdig erwiesen hat. *Theologischer Optimismus* angesichts der unerschöpflichen Liebe unseres himmlischen Vaters gesellt sich also zum anthropologischen Pessimismus und hält ihm die Waage.
3. Die Standfestigkeit der Erwartung dieses endgültigen Wiedereintritts der Geisteswelt in die Angelegenheiten der Menschheit – das ist der dritte Eckstein aller jüdischen Hoffnungskraft, der klassische Beitrag des Judentums zum Prinzip Zukunft in unserer Welt. Realismus, Gottvertrauen und Weltbejahung, auf diesen drei Säulen steht der jüdische Messiasglaube seit über zwei Jahrtausenden.
Vorausgeschickt muß hier jedoch noch werden, daß der Heiland als messianische Erlösergestalt sowohl in der hebräischen Bibel als auch der Mischna – der ältesten Schicht des Talmuds – nicht ausdrücklich erwähnt wird. Messias heißen in der hebräischen Bibel Jesu sechs verschiedene Personen und Gruppen: zuerst der geweihte Priester schlechthin[5], dann genauer definiert, die Aaroniden, also Aaron, der erste Priester und seine Nachkommen[6]. Es folgt eine Priesterhierarchie, von denen jeder einzelne der Messias heißt.
Hierauf heißen Messias die Könige Israels, insbesondere Saul, David, sein Sohn Salomo und Zedekia, schließlich der Prophet

Samuel und dann, ganz überraschenderweise, Cyrus (oder Kyros), der Heidenkaiser. Dieser heidnische Götzendiener, der sich als Realpolitiker selbst von seinen Untertanen vergotten läßt, heißt bei Jesaja[7] nicht mehr und nicht weniger als »der Messias des Herrn.« Und schließlich gibt es ihn auch in der Mehrzahl: »die Messiasse« oder »meine Gesalbten« und Propheten, wie es in Psalm 105 vorkommt[8].

So ist also der Gesalbte des Herrn vorerst der herrschende König, manchmal in einer Zweiteilung der Kompetenzen auch der geweihte Priester; beide sind aber rein historisch-nationale Würdenträger, die von Gott eingesetzt wurden, um sein Volk gerecht und gütig zu verwalten. Für die Frühzeit und Blütezeit der Richter und der Könige in Israel ist die Eigenverantwortlichkeit des Menschen, jedes Menschen, zu sehr in das Blickfeld gerückt, um eines Mittlers zu bedürfen. Die Verheißung einer besseren Zukunft kommt von Gott allein.

Am Menschen liegt es jedoch, ob die neue Zeit anbrechen kann. Entsprechend richtet sich die hebräische Hoffnung zunächst auf eine veränderte Situation in der Geschichte auf Erden, die Gott und ganz Israel zusammen herbeibringen sollen.

Messianitis

Erst in einem späteren Stadium kommt es zum Entstehen der Messiasidee als Mittlergestalt, dann zu einem Nebeneinander der beiden Vorstellungen und schließlich zu ihrer Verschmelzung in der Immanueltradition, die eine Vielzahl von verschiedentlichen Heilsbringern beheimatet. Unter dem Joch der Zerknirschung des babylonischen Exils reift die Vorstellung vom Knecht Gottes heran, der im Dunkel und in der Anonymität Gott zuliebe auf Erden zu leiden hat, der ewig Beherrschte und Unterworfene, der stillschweigend dient und duldet, um die Gottesherrschaft in seiner eigenen Selbstverleugnung zu fördern. Diese rätselhafte Gestalt hat eine Vielzahl von Deutungen erfahren, von denen die kollektive als Sinnbild von ganz

Israel zu den ältesten zählt. Messianisch wurde dieser Gottesknecht jedoch erst Jahrhunderte später verstanden, und zwar zur Makkabäerzeit. (Um 167 v. Chr.)
Mit der Rückkehr aus dem Exil und dem zweiten Tempelbau kommen wir zu Esra und Nehemia sowie ihren Satrapen und Nachfolgern, die nach vielversprechenden Anfängen der Machtgier zum Opfer fallen. Mit anderen Worten: Die Gesalbten entweihen ihre göttliche Salbung, dem ungerechten König tritt der machtlose Mahner entgegen, der zur Verantwortung ruft. Hier und da wirkt die Mahnung. Der Hasmonäerkönig kehrt zweimal öffentlich um und tut Buße vor dem Herrn, jedoch die Spannung zwischen Volk und Thron – zwischen Altar und Krone – wachsen ständig an.
Statt einer Revolution, wie es vielleicht bei anderen Völkern der Fall gewesen wäre, kommt es in Israel nun zum eigentlichen Messianismus. Versagen die lebendigen Könige, so wird die Erwartung auf jene Glanzzeit zurückprojiziert, da Israel unter David Frieden genoß, das Königreich noch vereint war und, wie es im Ersten Buch der Könige sehnsüchtig und wehmütig zu lesen ist, »sie alle Frieden hatten mit all ihren Nachbarn ringsum, so daß Juda und Israel sicher wohnten, jeder unter seinem Weinstock und seinem Feigenbaum von Dan bis hinab nach Beerscheba«[9].
Diese nur allzu kurze Ära der Friedensherrschaft – insgesamt knappe 40 Jahre – wird zum historischen Prototyp erhoben. Ihre Restauration »in unseren Tagen«, wie es immer wieder heißt, wird zum theopolitischen Leitstern eines unterdrückten und ausgebeuteten Volkes von rund vier Millionen unverbesserlichen Optimisten. Man hofft auf die Rückkehr Davids oder eines Sohnes Davids, eines Sprosses aus seinem Hause, dem im Laufe der Zeit all jene idealen Züge angedichtet werden, die den Schwächlingen auf dem Thron in Jerusalem nur allzu offensichtlich fehlen. Doch in all diesen fast-utopischen Entwürfen der Messianität – der Gesalbte Jesajas, der Statthalter Gottes bei Ezechiel, der Perserkönig Cyrus – überwiegt immer wieder die Gottesebenbildlichkeit des menschlichen Erlösers, der sei-

nem Schöpfer nur so nahe kommen darf, wie wir es alle dürfen, und keinen Schritt mehr.
Sie alle sind sterbliche Gesandte Gottes, die hier und jetzt, innerhalb der Geschichte, ein besseres, keineswegs ein perfektes Königreich errichten sollen, der Bibel gemäß und dem davidischen Ideal getreu.
Eigentlich sollte man diese Gesinnung oder Stimmung *Meliorismus* nennen, also: den Glauben an eine schrittweise Verbesserung, nicht einen utopischen Überschwang des Optimismus, der sich nur mit »der Besten aller Welten« begnügt. Diese Stimmung ist also noch immer mäßiger Meliorismus: Man sehnt sich nach etwas Besserem, das machbar und pragmatisch ist und im Bereich des menschlich Erreichbaren liegt.
Erst unter der syrischen Bedrohung und der grausamen Unterjochung von Antiochus Epiphanes IV. beginnt sich wahre Verzweiflung breit zu machen – Verzweiflung an der Fähigkeit der Könige, ihr Volk zu erhalten, und später Verzweiflung am Menschen überhaupt und an seiner Fähigkeit, sich selbst von der Unmenschlichkeit zu befreien. Es scheint immer eindringlicher klar, daß die Erde von der Erde aus nicht mehr erlösbar sei. Diese Wandlung von der gemäßigten, besonnenen Messiashoffnung auf einen Gesalbten, der im Laufe einer normal historischen Entwicklung, aus organisch menschlicher Herkunft erwartet wird, hin zu einer akuten apokalyptischen Vorstellung, nämlich eines direkten Eingreifens der Gottheit, die aus dem Himmel ihren Mittler auf Erden herabschickt, um ihn unverzüglich mit Abschluß seiner Sendung in den Himmel zurückzuholen – diese Wandlung vollzieht sich im Buche Daniel, als Zeichen der Not und des schleichenden Pessimismus in Israel, gegen den die Rabbinen unermüdlich wettern und kämpfen.
So erscheint also der voll entwickelte, messianische Gedanke in der jüdischen Glaubenswelt in engster Verbindung mit der Apokalyptik. Wenn bislang im Judentum konservative Kräfte, die den Status quo verteidigten, neben restaurativen Strömungen wirkten, die auf die Wiederherstellung einer vorexilischen Vergangenheit erpicht waren, so gewinnt jetzt als drittes Ele-

ment die utopische Inspiration die Oberhand: Die Hoffnung gegen alle Hoffnung wird von einer Vision der Zukunft genährt, die noch niemals da war. Im Spannungsfeld dieser drei Kräfte, die bis heute weitergären und nach vorwärts treiben, erscheint das Problem der Apokalyptik als akuter Messianismus oder als »Messianitis«, dergemäß die Endzeit unmittelbar bevorsteht als etwas, das jäh über Nacht einbrechen wird.

Kosmische Antithese

Woher weiß das der Apokalyptiker?
Den anonymen Autoren des Buches Daniel, den zwei Henoch-Büchern, dem 4. Buche Esra, der Baruch-Apokalypse und den Testamenten der 12 Patriarchen, um nur die wichtigsten zu nennen, liefern die klassischen Prophezeiungen Israels zwar den Rahmen für ihre Weissagung, aber sie alle gehen weit darüber hinaus: Hier zeigt Gott dem Seher nicht mehr Einzelmomente der Weltgeschichte, sondern den Gesamtablauf der historischen Entfaltung Israels von Adam bis zum letzten Tag. Während Hosea, Amos und Jesaja nur eine Welt kennen und sie ihre Weltgeschichte konzentrisch in Kreisen um das Geschick des Gottes-Volkes aufbauen, entzweien die Apokalyptiker diese Einheit in ihrer Lehre von den zwei Äonen, die aufeinander folgen, aber antithetisch zueinander stehen. Der Dualismus – Israel und Heidenwelt – wird nun zur kosmischen Antithese erweitert, in der sich Licht und Finsternis, Heiligkeit und Sünde, Gut und Böse schroff einander gegenüberstehen, nur um letztlich im Endkampf auszumünden, als Untergangsvision, die zur Vorbedingung der göttlichen Erlösung wird.
Hinzu gesellt sich das Element der Mysteriosität. All diese Schau von Grauen und von Trost, von Weltvernichtung und Welterlösung wird in schwer verständliche Rätselworte, in Allegorien und in Geheimsprache chiffriert, als hätte man Angst vor einer feindlichen Zensur und wolle nur für einen Intimkreis von Eingeweihten schreiben, die »Mewinim«, wie Da-

niel sie nennt: jene sachkundigen Mystiker, die hinter den Dingen den metahistorischen Sinn der Welt zu erfassen vermögen. Kein Wunder also, daß diese Literatur bis auf den heutigen Tag zur Schatzkammer aller Mystiker, aller Grübler, Schwärmer und Sektierer geworden ist, wie Martin Luther auch zu seiner Zeit schon klagt.

Der Menschensohn, eigentlich »der Mensch«, war offenbar ursprünglich als jüdisch antimythologischer Begriff geprägt worden, um die geläufigen Gottes-Sohn-Vorstellungen im hellenistischen Heidentum zu entwerten. Um klarzumachen, daß dieser von Gott Gesandte auch ein Mensch sein würde, wählte man den menschlichsten aller Ausdrücke in der aramäischen Sprache.

Menschensohn

Man nannte ihn *Bar-Enasch*, am besten übersetzt als »Jedermann« oder als »Unsereiner«, mit einem Wort: Ein Sterblicher par excellence. Der wird jetzt zum endzeitlichen Vertreter Israels, der »mit den Wolken des Himmels kommt«[10].

Noch sträubt sich Daniel gegen die Vergottung dieses Menschensohns, er heißt immer noch »wie ein Mensch« oder wie Buber übersetzt: der Menschengleiche, während Leo Baeck ihn als »den Menschenähnlichen« bezeichnet. Aber das Buch Henoch, das ja das Buch Daniel auslegen will, entreißt ihn ganz und gar der Schwerkraft der Erde, um ihm himmlische Präexistenz zu verleihen. Er wird zum Vorläufer des Logos, der dann, viel später, im letzten Evangelium »Fleisch geworden ist«.

Vielleicht sollten wir in aller Kürze die sprachliche Entwicklungsgeschichte dieses »Menschensohnes« anhand von sechs Beispielen nachvollziehen, obzwar es bis heute umstritten bleibt, ob mit diesem »Menschenähnlichen« in Daniel 7,13 ein Symbol des Gottes-Reiches oder ein Repräsentant des ganzen Volkes Israel oder eine Messiasgestalt gemeint ist.

Es beginnt im 4. Buch Mose, wo klar und deutlich steht: »Nicht Mann ist Gott, der lüge, nicht Menschensohn ist der Herr, daß es Ihn reue«[11].

Der Prophet Hesekiel, von Gottes Allgewalt ergriffen und niedergeworfen, wird angerufen, aber nicht mit seinem Namen, sondern: »Und Er sprach zu mir, Menschensohn, stell dich auf deine Füße, und Ich will mit dir reden«[12]. So heißt Hesekiel, von Gott angesprochen, siebenunddreißigmal »Menschensohn«, als Inbegriff der Antithese alles Göttlichen.

Später wird auch Daniel von Gott so angesprochen: »Und Er kam dahin, wo ich stand, und da Er kam, erschrak ich und fiel auf mein Angesicht. Er aber sprach zu mir: »Merk auf, Menschensohn, daß auf die Endzeit das Gesicht geht«[13].

In Hesekiels Vision von Wesen, die einer höheren Welt angehören, erscheint neben den vier Tieren, die wir wieder in der Apokalypse des Johannes finden, auch die Gestalt, die »anzusehen ist wie ein Mensch«, und so heißt bei Hesekiel der locus classicus für alle spätere Weiterentwicklung dieser Gestalt: »Und auf dem Thron saß einer, der war anzusehen wie ein Mensch«[14].

Ihm folgt die Gestalt, die den Glauben der Zeitenwende aufs tiefste prägen sollte: »Ich schaute in den nächtlichen Gesichten, und siehe, mit den Wolken des Himmels kam einer, wie ein Menschensohn«[15].

Von hier haben es alle späteren Apokalyptiker übernommen. In den Bilderreden des späteren Buches Henoch heißt es z. B. – und hier sind wir schon außerhalb der Schwerkraft unseres Planeten: »Große Freude herrschte unter ihnen, und sie segneten, lobten, priesen und jubelten, weil ihnen der Name jenes Menschensohnes geoffenbart ward. Er setzte sich auf den Thron seiner Herrlichkeit; da ward ihm, dem Menschensohn, der Gerichtsvollzug übergeben, und er ließ die Sünder und Verführer der Welt von der Erde schwinden«[16].

Flucht ins Übermorgen

Wie kommt es zu dieser veränderten Sicht ein und derselben Vokabel? Als unter Antiochus Epiphanes IV. im zweiten vorchristlichen Jahrhundert das Heidentum zur frontalen Offensive gegen das Judentum übergeht, führt der Sieg der Makkabäer zu einer kurzlebigen Erleichterung, aber bald zeigt es sich, daß die Hasmonäer-Dynastie unfähig ist, mit den geistigen und politischen Herausforderungen ihrer Zeit fertig zu werden. Schließlich kommt Rom, entweiht unter Pompejus den Heiligen Tempel, und der nationale Untergang scheint den Frommen im Lande klar in Sicht. Eine alt und müde gewordene Welt verzweifelt an sich selbst. »Es wäre besser, wir wären niemals geboren worden«, so seufzt der Verfasser des 4. Esra-Buches.

Es kommt zur Sektenbildung, deren Schöpferkraft nicht mehr in eine Weltverbesserung hineinfließt, wie es bis um das Jahr 200 vor der Zeitrechnung noch der Fall war, sondern in eine dichterische Vielgestaltigkeit des heißersehnten Heilsbringers, die nur einen gemeinsamen Nenner in all ihren Schattierungen kennt: eine schroffe Geschichtsverneinung, die die logische Folge ihrer religiösen Weltflucht darstellt.

Eine Weltflucht aus dem historischen Jetzt in ein utopisches Übermorgen. Keine Flucht ins Jenseits noch in die Verinnerlichung eines exklusiven Seelenheils, nur eine Flucht aus dem Heute in das dreidimensionale Übermorgen dieser Erde.

Unter den Propheten Israels galt die Heilsgeschichte des Gottes-Volkes immer als eine Fünftakt-Zeitenfolge oder ein Drama in fünf Akten, wenn man so will: vom Heil des Paradieses über den Sündenfall der ersten Menschen ging es zu Unheil, dann zur Buße der Umkehr, auf die nach Gottes Vergebung wieder das Heil erfolgte. Nun, in der Verzweiflung unter dem immer blutigeren Heidenjoch, wird dieser biblische Rhythmus zum Dreiertakt verkürzt, indem die messianische Ungeduld die letzten zwei Glieder abhackt. Vom Heil über die Sünde geht's schnurstracks zum Unheil, auf das die radikale Katastrophe folgt.

Alles Alte wird hinweggefegt, alles Bestehende als heillos aufgegeben, und nur die Sucht nach dem völlig Neuen allein befriedigt die ungeduldigen Apokalyptiker, für die diese Welt zu einem Riesen-Sodom und Gomorrha herabgesunken ist. So nennt sich die Qumran-Gemeinde um 130 vor der Zeitrechnung »die *Gemeinde vom Neuen Bund*«. Sie erwartet zusammen mit einem Dutzend ähnlicher jüdischer Kreise und Glaubensgemeinden »die *neue* Welt«, den »*neuen* Äon«, die »*neue* Schöpfung«, wobei die Grenzen zwischen Urzeit und Endzeit häufig verschwimmen.

Das, was war, soll wieder sein. Die Sündenlosigkeit des Paradieses wird zum Traum der Endzeit erhoben. Der erste Adam und sein Sündenfall wird durch die Unschuld des letzten Adams kompensiert. Die nostalgische Erinnerung an die Gottesnähe der Wüstenwanderung, der heilige Eifer der Rückkehrer aus Babylon unter Esra – all diese Erinnerungen werden nun zu Vorbildern einer sehnlich erwarteten Zukunft.

Verschmelzung der Zeiten

Diese Verschmelzung der Zeitenfolge ist dem hebräischen Sprachgeist sehr naheliegend, der ja keine Tempora im durativen Sinne von Latein, Griechisch oder Deutsch kennt.
»Es war« und »es wird sein« ist in der Sprache der Bibel so gut wie identisch. Nur ein einziger Strich, der Buchstabe Waw, der wie ein Pfeil gen Himmel weist, unterscheidet das schon Gewesene vom noch nicht Seienden in einer ewigen Gegenwart, die zur Brücke aller Zeiten wird.

Daher ist es auch so schwer, die verschiedenen Endzeit-Aussagen Jesu im Neuen Testament zu klassifizieren: Das Himmelreich naht, es kommt, es wird bald kommen, es ist schon da, ja »es ist in Eurer Mitte«[17]. All diese temporalen Differenzen sind eindeutige Abgrenzungen für abendländische Ohren, die einander zu widersprechen scheinen, nicht aber für den Hebräer, der eher zeitlos oder überzeitlich denkt, so daß eine Naherwartung, die sehnlich vom Himmel erbetet wird, oft zur erlebten Wirklichkeit werden kann, wenn auch der trockene Historiker sie als Vorwegnahme oder gar als Wunschdenken abzuwerten geneigt ist.

Typisch für diese Elastizität ist der Gebetsruf der Urgemeinde in Jerusalem: »Maranatha!« Maranatha kann auf aramäisch heißen: Herr, komm doch, oder: Der Herr ist gekommen. Es kann aber auch bedeuten: Der Herr kommt jetzt oder sogleich. Alle drei Übersetzungen werden der Muttersprache Jesu im gleichen Maße gerecht.

Grundsätzlich unterscheiden kann man zwischen dem prophetischen und dem apokalyptischen Messiaskonzept. Das eine läßt sich als »horizontal«, das andere als »vertikal« bezeichnen. Erdgebunden, innerweltlich und irdisch ist die Erlösungsschau der Propheten, wobei jedoch bei Haggai, Nachum, Habakuk, Maleachi und Joel die verschiedensten Schattierungen dieser irdischen Gestalt vorkommen. Ganz anders ist der apokalyptische Messias gestaltet, der unmittelbar und vertikal vom Himmel herabsteigt, Erlösung bringt und rasch zu Gott zurückkehrt, als wolle er den Kontakt mit dieser sündigen Erde sobald wie möglich beenden und der Menschheit, die er rettet, schnellstens entfliehen. Er neigt sowohl zum messianischen Extremismus, als auch zur Utopie und letztlich zur Vergöttlichung. Warum? Extremismus, da er binnen kurzen Tagen die ganze Welt erlösen soll, was von keinem seiner prophetischen Vorgänger je erwartet wurde. Utopisch, weil er die Menschheit von allen Sünden befreien soll, um die Welt nicht nur zu verbessern, wie es gut realistisch bislang hieß, sondern zu heilen, d. h. alles Leid auf Erden verbannen, allen Krieg aus der Welt schaffen und alle Tränen abwischen, wie Jesaja und nach ihm die Apokalypse des Johannes es versprechen. Und da solch eine ungeschichtliche, völlig übermenschliche Aufgabe unmöglich von einem Menschensohn – auch unter Gottes Führung – bewerkstelligt werden kann, so wird dieser Messias stufenweise göttlicher, bis er im Christentum zur zweiten Person der Trinität aufrückt. Wir sehen einen eindeutigen Zusammenhang zwischen der Tiefe der

Not und der Enttäuschung einerseits und der Höhe der Erlösergestalt und der von ihr erwarteten Leistungen andererseits.

Im Früh-Judentum zu Jesu Lebzeiten kannte man zumindest ein Dutzend verschiedener Messiaserwartungen, teils apokalyptisch angehaucht, teils anti-apokalyptisch, rabbinisch geprägt, ganz konform dem Meinungspluralismus, der seit eh und je den Glauben Israels charakterisiert hat.

Ich will nur die wichtigsten nennen:

Erstens: Der Davidssohn der Phasisäer, der das Heidenjoch von Israel abschütteln sollte, um ein freies Gottes-Volk unter dem Herrn der Himmel wieder herzustellen;

Zweitens: Der Menschengleiche aus Daniel, der innerhalb seines gebürtigen Judentums noch immer blieb, was sein Name besagt, nämlich ein durchaus menschlicher Gottesknecht;

Drittens: Der Priesterfürst aus dem Testament Levi, der nach Psalm 110 an Melchisedek erinnert und beide Gewalten, die Krone des Herrschers und den Altar des Priestertums, in seiner Person vereinigt.

Viertens: Der Prophet, dessen Ankunft Mose in seinem Testament vorausgesagt hat: »Einen Propheten wie mich wird der Herr, unser Gott, dir aus deinen Brüdern erwecken, dem sollt Ihr gehorchen«[18].

Fünftens: Ein wiederkehrender Prophet aus den Väterzeiten, wobei einige in Israel Mose, andere Elia, eine dritte Gruppe Mose und Elia (zur Sicherheit beide zusammen), eine vierte Gruppe den Henoch und eine letzte den Jeremia erwartete.

Hier ist sechstens auch die Zwei-Messiaslehre aus Qumran zu nennen, wo Priester-Messias und Herrscher-Messias in zwei verschiedenen Personen erscheinen sollen, wobei der Priester dem Herrscher bei weitem überlegen ist. Als Zeloten-Messias gilt siebentes dann der sogenannte Kriegsgesalbte »Maschuach ha-Milchama«, der Sohn Josefs, der in Jerusalem im Kampf mit Armilos, dem »Antimessias«, stirbt, um den Weg zu bereiten für den Königs-Messias aus dem Hause Davids, der ihm folgen und dann siegen soll.

(Wobei »Armilos« eine aramäische Verballhornung von »Ro-

mulus« sein könnte, als Verkörperung des verhaßten Römerreiches).
Heißt das alles, daß diese schillernde Vielgestaltigkeit der Messiashoffnung nichts anderes ist als die fromme Erdichtung heilssüchtiger Rabbinen?
Keineswegs! Vielmehr geht es hier, nach jüdischem Verständnis, um die geduldige Pädagogik Gottes, die uns die Heilswahrheiten schrittweise – unserer wachsenden Aufnahmefähigkeit gemäß – erlernen oder besser: entdecken läßt. Um ein tastendes, unermüdliches Suchen geht es also, das hie und da irren mag und scheitern kann, das aber letzten Endes um ein Geführtwerden und Getragensein von oben weiß.
Nicht zuletzt kennt die rabbinische Überlieferung auch den demütigen, auf einem Esel reitenden Messias aus Sacharja 9,9, den wir in der Schilderung von Jesu Einzug in Jerusalem wiederfinden[19].
Das jüdische Schrifttum um die Zeitenwende spiegelt immer wieder das nie endende Fragen nach dem Erlöser wider.
Der apokalyptischen Antwort auf diese Frage liegt eine zutiefst pessimistische Weltbetrachtung zugrunde.
Denn die Hoffnung richtet sich nicht auf das, was die Geschichte gebären wird, sondern auf das, was in ihrem Untergange hochkommt, als einen Einbruch der Transzendenz, in dem die Weltgeschichte selber zugrunde geht.
Die Rabbinen hingegen bemühen sich um die Einheit der Zeiten und um den organischen Übergang von schrittweisen Fortschritten bis hin zum »Ende der Tage«. Die Schöpfung soll sich in der Erlösung vollenden, aber nicht von ihr weggefegt werden. Darum findet die brennende Frage nach dem Erlöser bei ihnen noch immer eine prophetische Antwort: »Heute (wird er kommen), wenn wir auf Gottes Stimme hören«[20].
Es ist die Umkehr der Menschen und ihre Hinwendung zu Gott, die die Erlösung bewirkt, wie Propheten und Rabbinen nicht müde werden zu betonen. Doch den Fragen nach dem Messias wohnt etwas so Drängendes inne, daß das Bollwerk der rabbinischen Ermahnung, die Endzeit nicht zu berechnen und

das Ende nicht herbeizuzwingen, sondern in gläubiger Geduld dem Kommen des Gesalbten entgegenzuharren, des öfteren zusammenbrach. Und so kam es auch zu einer Kompromißlösung zwischen den Bedrängern der Apokalyptik und den langatmigeren Rabbinen, zu einer Antwort, die im Grunde antimessianisch klingt.

Ein Beispiel soll diesen Kompromiß beleuchten. Im Bezug zu den Psalmen heißt es (Ps 36,10) im Midrasch: »Nach der Verknechtung in Ägypten kam die Erlösung durch Moses, nach der Verknechtung durch Babel kam die Erlösung durch Daniel, Chananja, Mischael und Asarja. Danach kamen die Verfolgungen durch Elam, Medien und Persien und die Erlösung durch Mordechai und Esther. Danach kam die Verknechtung durch Hellas und die Erlösung durch die Hasmonäer, und dann kamen sie alle in die römische Gefangenschaft. Da sprachen die Israeliten: Wir sind es müde, erlöst und unterjocht, erlöst und wieder unterjocht zu werden. Wir wollen keine Erlösung mehr durch Menschenhände, (sprich: Messias). Erlösung kommt allein von Gott«[21].

Wie groß auch immer die Unterschiede zwischen dem Dutzend jüdischer Messiaserwartungen zur Zeitenwende sind, einstimmig sind sie fast alle im erhofften Wirken des erwarteten Erlösers.

Er soll Israel aus der Verbannung und aus der Knechtschaft erlösen, dann die ganze Welt aus der Armut, aus dem Leiden und ihrer Selbstzerfleischung, worauf sich alle Völker zum Einen Gott bekehren. Nicht zum Judentum, sondern zum Einen Gott! Um eine Mono-Theisierung geht es also, keineswegs um eine Judaisierung. Und schließlich vernichtet er das Böse in der Natur: »Weder Schlangen noch Raubtiere werden Schaden bringen«, wie es schon bei Jesaja heißt, und »die Erde wird voll sein der Erkenntnis Des Herrn, wie die Wasser, die das Meer bedecken« (Jes 11,9; 65,25).

Das Himmelreich auf Erden

Drei hauptsächliche Änderungen also wird das Kommen des Messias mit sich bringen. Weltfrieden, Völkerverbrüderung und die Vertilgung des Bösen vom Antlitz der Erde. In der Stenographie der Hebräer: das Himmelreich auf Erden. Was nichts anderes bedeutet als die offenbare Herrschaft Gottes in Seiner ganzen Welt – eine Herrschaft, in der Israel letztlich aufgehen darf, denn dreimal wird es ausdrücklich gesagt: Mit der erfüllten Sendung des Messias endet auch die Heilsrolle Israels, das dann, als Teil der globalen Gottesherrschaft, in die erlöste Völkerökumene zurücktritt.

Wir können zusammenfassen: Der apokalyptische Messiasgedanke ist ein Kind jüdischer Not und jüdischen Glaubens. Er wuchs heran unter dem Druck jüdischer Enttäuschungen und im Dialog mit der jüdischen Hoffnungskraft, wobei seine Höhe über der Erde fast immer die Tiefe jüdischen Leidens widergespiegelt hat. Wie eng Not und Apokalyptik sinnverwandt sind, mögen drei Ausdrücke bezeugen: »Die Wehen des Messias«, ein Ausdruck, der schon zu Jesu Lebzeiten geläufig war und der im Matthäus-Evangelium (Mt 24,8) widerhallt, und der jüdische Gedanke, daß der Geburtstag des Messias am 9. Tag des Monats Aw datiert wird – der Tag, an dem einst beide Tempel zerstört wurden. Am Tage der ärgsten Katastrophe soll also der Messias zur Welt kommen, wie es bis heute der Glaube des orthodoxen Judentums ist. Diese Katastrophalität, ohne die sich die Apokalyptiker die Erlösung nicht vorstellen können, spricht auch deutlich aus dem Munde dreier berühmter Talmudmeister, die einstimmig bezeugen: »Mag der Messias doch kommen, aber wir wollen ihn nicht erleben«[22].

Doch wir können nicht in dem begrenzten Rahmen der jüdischen Apokalyptiker als einer in sich geschlossenen Einheit verbleiben. Denn genau wie diese Geistesrichtung zahlreiche Impulse aus Babylonien und aus Persien, aus der griechischen Gnosis und vielleicht sogar aus Indien bekommen hat, genauso übt auch sie beträchtlichen Einfluß auf andere Ideologien und

Denkstrukturen aus, vor allem aber auf das vielgeplagte Frühchristentum des ersten Jahrhunderts, das ja das letzte Buch seiner Bibel dieser jüdischen Apokalyptik verdankt. Ernst Käsemann war es, der die jüdische Apokalyptik als »Mutter der christlichen Theologie« bezeichnet hat. Er tat dies, indem er Jesu Anfänge bei der glühenden Naherwartung Johannes des Täufers sieht, der, gut apokalyptisch, vor dem drohenden Zorngericht Gottes warnt, um den »Heiligen Rest« des Gottes-Volkes durch die Taufe der Umkehr zu retten. Obzwar Käsemann dann »Jesu Weg in Tat und Wort als Widerspruch zu diesem Anfang« sieht, bescheinigt er dem Paulus seine »Treue zur apokalyptischen Tradition«[23], insbesondere in seiner Auferstehungschristologie, wie sie in 1. Korinther 15,20–28 zum Ausdruck kommt. In den Worten Käsemanns: »Christus ist der Platzhalter Gottes gegenüber einer Welt, welche Gott noch nicht völlig unterworfen ist, obgleich ihre eschatologische Unterwerfung seit Ostern in Gang gekommen und ihr Ende abzusehen ist. Apokalyptischer kann keine Perspektive sein«[24].
Und dennoch wäre es verfehlt zu meinen, daß alle jüdisch-apokalyptischen Strömungen in der vorchristlichen Zeit ins Christentum ausmündeten und hiermit ihre heilsgeschichtliche Rolle als Wegbereiter der Kirche beendet hätten. Gleichzeitig mit der Entfaltung der Frühkirche ergießt sich innerhalb der jüdischen Tradition ein intensiver Strom von Apokalyptik, die sich teils in der talmudischen, teils in der haggadischen Literatur niedergeschlagen hat.

Heilsgeduld und Naherwartung

Wie der unlängst verstorbene Gerschom Scholem bewiesen hat, besteht eine unverkennbare Kontinuität zwischen jenen alten Apokalypsen aus dem 1. und 2. vorchristlichen Jahrhundert, deren hebräische Originale bislang leider verloren sind, und jener Spät-Apokalyptik, die nach der zweiten Tempelzerstörung anno 70 in das Lehrhaus und in die Gedankenwelt der

Rabbinen eingewandert ist. Wie rabbinische Heilsgeduld und apokalyptische Naherwartung ihre Synthese finden können, als Ausgleich zweier Widersprüche, die letzten Endes dieselbe Erlösung erhoffen, mögen drei Beispiele, stellvertretend für eine Legion, erhellen.

»Es wird von Rabbi Chiyya und Rabbi Simon erzählt«, so heißt es im Midrasch, »daß sie bei der Morgendämmerung im Tale von Arbela wanderten und die Morgenröte heraufbrechen sahen. Da sagte Rabbi Chiyya: So ist es mit Israels Erlösung auch. Zuerst wird sie nur ganz wenig sichtbar, dann strahlt sie stärker auf, und nachher bricht sie in voller Macht hervor«[25].

Und in noch schärferer Hervorhebung des jederzeit möglichen Endes, das jedoch unwiderruflich von Israels Gesinnung abhängig bleibt, heißt es im Talmud: »Wenn Israel auch nur einen Tag volle Buße täte, sofort würden sie erlöst werden, und der Sohn Davids käme ohne Verzug, denn es heißt ja (im Ps 95,7): »Heute noch, *wenn* ihr auf Gottes Stimme höret!«[26]

Dieser ständig gegenwärtigen Chance entspricht die Vorstellung des in der Verborgenheit wartenden Messias, die in der rabbinischen Legende viele Formen angenommen hat, freilich keine großartigere als jene, welche in einer maßlosen Vorwegnahme den Messias unter die Aussätzigen und die Bettler an den Toren Roms in die Ewige Stadt versetzt hat. Dort wird er in jeder Generation neu geboren – und wartet. Auf die Frage, wen er denn erwartet, heißt die ewig neue, unerschütterliche Antwort: Er wartet auf dich.

Dieser wahrhaft gewaltige Midrasch stammt aus dem 2. Jahrhundert, lange bevor dieses Rom, das gerade den Tempel zerstört und Israel ins Exil gejagt hatte, nun selbst der Sitz des Vikars Christi und der mit dem Herrschaftsanspruch messianischer Erfüllung auftretenden Kirche geworden ist. Diese symbolische Antithese des vor den Toren Roms sitzenden wahren Messias, der seine Wunden mit Salbe bestreicht und sie nicht auf einmal verbindet, sondern nur die Hälfte, denn wenn er abgerufen werden sollte zur Erlösung der Welt, will er seinen Schöpfer auch nicht eine einzige Minute warten lassen, sondern nur die Hälfte verbinden und die andere Hälfte der Wunden unverbunden lassen – diese symbolische Antithese von Naherwartung und Heilsgeduld begleitet die jüdische Messianologie durch die Jahrhunderte[27].

Mehr als einmal erfahren wir, daß jüdische Aspiranten auf die Messiaswürde im Mittelalter nach Rom gepilgert sind, um an der Brücke vor der Engelsburg zu sitzen und dort dieses symbolische Ritual zu vollziehen. So vereinen sich letzten Endes apokalyptischer Sturm und Drang mit dem prophetischen Aufruf zur Umkehr und dem rabbinischen Gespür für die Unberechenbarkeit der Erlösung zu einer gewaltigen messianischen Synthese, die, wie einst die Feuersäule auf dem Wüstenweg, die Hoffnungsgeschichte Israels bis auf den heutigen Tag mit ihrem ewigen Licht erhellt.

Anmerkungen

1. Gerhard von Rad, Theologie des AT, Bd II München, 1965, S. 315.
2. Ps 74, 9–11
3. 1. Sam. 9,9 ff.
4. Jes 1,1 f.
5. Lev 4,3.
6. Lev 6,15.
7. Jes 45,1.
8. Ps 105,15.
9. 1. Könige 5,5.
10. Dan 7,13.
11. Num 23,19
12. Ez 2,1.
13. Dan 8,17
14. Ez 1,26.
15. Dan 7,13.
16. Hen 69,26–27.
17. Lk 17,21.
18. Dt 18,15.
19. Mt 21,1–11; Mk 11,1–11; Lk 19,28–40.
20. Ps 95,7, vgl. Hebr 3,7.
21. Midrasch Tehillim zu Ps 36,10.
22. Sanhedrin 98 a.
23. Exegetische Versuche und Besinnungen Bd II, Göttingen 1964. Zum Thema der urchristlichen Apokalyptik: S. 127.
24. Ebda. S. 127 f.
25. Midrasch Schir-ha-Schirim Rabba VI, 10.
26. Sanhedrin 97 a.
27. Sanhedrin 98 a.

Gott ist König
Macht und Ohnmacht in jüdischer Tradition

»Der König ist Gott!«
So hieß es in den Krönungsformeln der altorientalischen Dynastien – womit die Potentaten der Antike als inkarnierte Gottheiten oder Göttersöhne absolute Macht und totalitäre Autorität über Leben und Tod ihrer Untertanen ausüben konnten. Mehr noch! Indem jeder Herrscher am Nil, Euphrat und Tigris zum göttlichen Despoten erklärt wurde, wurde seine Machtstellung sowohl politisch als auch religiös gesichert, denn ziviler Ungehorsam oder gar Rebellion konnte von den Machthabern zur Blasphemie verteufelt werden.
Das kleine Volk der Juden wagte es, diese überall geltende Herrschaftsideologie auf den Kopf zu stellen, indem es seiner Bibel zum Leitsatz den Gedanken gab: Gott ist König – und nur Er!
Hiermit wurde nicht nur ein radikaler Durchbruch in der menschlichen Gotteserkenntnis vollzogen, sondern die heidnische Kaiser-Vergottung wurde durch ein Weltkönigtum Gottes ersetzt, dessen revolutionäre Dynamik alle irdischen Machtansprüche entmythologisierte und schrumpfen ließ.

Ebenbürtigkeit aller Menschen

Diese Umkehrung wurde durch eine zweite hebräische Umdeutung untermauert. Die antiken Monarchen des Nahen Orients ließen sich nämlich als einzigartige Ebenbilder Gottes anbeten, um ihrer Tyrannei durch die öffentliche Anerkennung ihrer himmlischen Herkunft politischen Nachdruck zu verleihen. Der Genesis-Bericht bedient sich desselben Sprachbildes, um König und Untertan schlagartig einzuebnen, indem er »den Menschen« – jeden Menschen – zum »Ebenbild Gottes« adelt. Aus Gen 1,27 lesen die Talmudväter sowohl die Heiligkeit des Menschenlebens als auch die Nichtigkeit aller aristokratischen Überheblichkeit: »Der Mensch wurde deshalb als einzelner erschaffen, um dich zu lehren, daß, wenn jemand eine Seele vernichtet, es ihm angerechnet wird, als hätte er die ganze Welt vernichtet; wenn aber jemand eine Seele errettet, der ist, als hätte er die ganze Welt errettet. Ferner auch um des Friedens willen, damit keiner zu seinem Nächsten sage: Mein Ahne war größer als deiner.«

Der Kodex Hammurabi endet mit der Satzung, laut der einem Sklaven, der in die Freiheit fliehen wollte, ein Ohr abgehauen wurde; der Zivilkodex Mosis hingegen beginnt (Ex 21,2–6) mit dem Fall eines Sklaven, dessen Ohr durchbohrt werden soll – wenn er sich weigert, nach sechsjähriger Knechtschaft befreit zu werden: »Spricht aber der Sklave: Ich habe meinen Herrn lieb, und mein Weib und Kind, ich will nicht frei werden, so bringe ihn sein Herr vor Gott und stelle ihn an die Tür oder den Pfosten und durchbohre mit einem Pfriem sein Ohr, und er sei sein Sklave für immer.« Warum ausgerechnet sein Ohr? fragt die jüdische Überlieferung. Und die Antwort: »Weil er vom Berge Sinai gehört hat: »Mir (Gott) sind die Kinder Israels Knechte, meine Knechte sind sie!« (Lev 25,55) – trotzdem hat er das Joch des Himmels von sich geworfen und das Menschenjoch zum Herrn über sich gemacht. Deshalb sagt die Schrift: Es komme das Ohr und werde durchbohrt, weil es nicht gehalten hat, was es gehört hat.«

Kein Wunder, daß dieser Geist gerechter Machtverteilung es schon zu Ende des 1. Jahrhunderts dazu brachte, daß ein Sprichwort in Jerusalem besagte: »Wenn jemand einen hebräischen Sklaven kauft, so ist es ebenso, als würde er einen Herrn über sich kaufen.«

Die Befreiung aus Ägypten

Das erste Fest des biblischen Jahres ist das Pessachfest, das dem dreifachen Grundstein der jüdischen Gotteslehre gewidmet ist: der Anerkennung, daß der Herr der Welt ein Gott der Freiheit ist; daß die universale Heilsgeschichte mit Israels Befreiung aus der Knechtschaft beginnt und daß, wie Paulus später gut rabbinisch sagt: »Wo der Geist des Herrn ist, da ist Freiheit.« (2 Kor 3,17)
Der Auszug aus dem Nilland – diese Sternstunde in den Annalen Israels, die aus unterjochten Fronarbeitern zuerst entlaufene Sklaven machte, um sie dann in der harten, erbarmungslosen Wüste zum Gottesvolk zu schmieden – ist seit drei Jahrtausenden zum Inbegriff aller Völkerbefreiung geworden. Und mit gutem Recht, denn schon im frühen Talmud wird die universale Bedeutung des Exodus-Dramas betont: Daß der Glaube an die Einheit Gottes die Gleichberechtigung aller Menschen zur Folge hat, ist im jüdischen Denken genau so tief verankert, wie daß die Vaterschaft Gottes alle Menschen zu Brüdern machen muß – ob sie sich dessen bewußt sind oder nicht: »Haben wir nicht alle einen Vater? Hat uns nicht ein Gott erschaffen?« fragt Maleachi (2,10).
Diese Nivellierung der Machtverhältnisse findet in Psalm 8 ein ewiges Manifest: »Du (Gott) machst ihn (den Menschen) wenig geringer als die Himmelswesen und mit Ehre und Hoheit krönst Du ihn. Du setzest ihn zum Herrscher über Deiner Hände Werk.«
Diese geschöpfliche Ebenbürtigkeit aller Adamskinder, als Grundlage der Menschenwürde, entmachtet jedweden Absolutismus, verpönt alle Sklaverei und reduziert die Machthaber zu fehlbaren Mitmenschen, die, im besten Fall, als Statthalter Gottes anvertraute – und widerrufliche – Macht ausüben dürfen.
Der Grundgedanke der Gottesherrschaft hat also zwei Dimensionen: die vertikale, die ihn als allmächtigen Geber alles Lebens anerkennt; und die horizontale, die alle Mächte auf Erden

– trotz Salbung und kultischer Funktion der Könige im alten Israel – zu ermächtigten Treuhändern der von Gott verliehenen Macht humanisiert. Ganz unüberhörbar tönt der göttliche Freibrief aus dem Dritten Buche Moses: »Denn mir gehören die Kinder Israels als Knechte; meine Knechte sind sie, die ich aus Ägypten herausgeführt habe« (Lev 25,55), und die Rabbinen fügen sinngemäß hinzu: Deshalb sollen sie keine Leibeigenen noch Knechtesknechte anderer werden!
In diesem emanzipatorischen Sinne sucht die hebräische Bibel die im Altertum selbstverständliche Sklaverei aufzulösen oder zumindest schrittweise zu mildern. Als Begründung für das Sabbathgebot heißt es, »daß auch du ein Knecht warst in Ägypten ... darum hat dir der Herr dein Gott geboten, den Sabbathtag zu halten ... Du sollst keine Arbeit tun, auch nicht dein Sohn, deine Tochter, dein Knecht, deine Magd, noch dein Fremdling, der in deiner Stadt wohnt.« (Dt 5,14–15)
Kurzum, jeder siebente Tag ist eine Freizeit totaler Demokratie, ohne Machtergreifung, Machtausübung, Bemächtigung und Entmächtigung. Das Sabbathjahr als periodische Freilassung aller hebräischen Sklaven dient ebenso wie Dutzende anderer Bibelsatzungen der Machtbeschränkung der »Großen« und Reichen sowie der Beschützung und Verteidigung der Armen, der Schwachen und der Randsiedler der Gesellschaft.
»Nicht nur Israel zog aus Ägypten«, sagen die Rabbinen in Auslegung des Schriftverses Ex 12,38, den Luther mit »Mischvolk« übersetzt – sondern mit ihnen zog die ganze Menschheit aus dem »Haus der Knechtschaft.« Denn mit dem Auszug aus dem Nilland wurde nicht nur eine Bresche in das Gefüge der ägyptischen Gewaltherrschaft geschlagen, sondern ein Wendepunkt in der Weltgeschichte erreicht. Mit dem Imperativ »Gib mein Volk frei!« (Ex 10,3) wird ein Doppelbann gebrochen, der Menschen allzu lange zu Göttern erhoben und zum Vieh erniedrigt hat. Die Bresche, die durch den Exodus in den gottlosen Mißbrauch der Macht geschlagen wurde, schafft die Vorbedingung zur Ebenbürtigkeit aller Adamskinder; sie öffnet von nun an einen Ausweg aus allem menschlichen Elend, den nie-

mand mehr zu sperren vermag – und sie bleibt bis heute die ewige Herausforderung an Macht und Gewalt.

»Ich bin der Gott, der deine Sklavenketten zerbrochen hat und dich aufrecht wandeln läßt!« (Lev 26,13) In diesem Bibelwort steht die unwiderrufliche Urkunde von der »Freiheit eines Judenmenschen« – wie Luther vielleicht gesagt hätte und wie Karl Barth es viel später, anno 1935, angedeutet hat. Es ist das Hohelied von der gottgeschenkten Freiheit, die nur den Weltenschöpfer als Herrn und Herrscher anerkennt.

Und so versuchte das alte Israel Jahrhunderte lang ohne Könige auszukommen, indem es sich mit Richtern und Charismatikern begnügte, deren Macht bewußt beschränkt und befristet wurde, ganz im Sinne Gideons, zu dem die Stammesfürsten kamen und sprachen: »Sei Herr über uns, du und dein Sohn und deines Sohnes Sohn. Weil du uns aus der Hand der Midianiter gerettet hast. Doch Gideon sprach: Ich will nicht Herrscher über euch sein, und mein Sohn soll auch nicht über euch herrschen, sondern Gott allein soll über euch walten!« (Ri 8,22)

Der Traum vom Königtum Gottes

So wurde schon in grauer Vorzeit das unverfälschte Königtum Gottes proklamiert: jenes herrenlose Reich des Friedens und der Gerechtigkeit, dem eine an-archische Dimension, im ursprünglichen Sinne des Wortes, innewohnt: Eine Entmächtigung aller irdischen Machthaber, die nötig ist, um Gottes Allmacht zur vollen Geltung kommen zu lassen – zum Wohl und Heil der ganzen Menschheit. Es ist der gewaltige Prophetentraum eines Ideal-Schalom, in dem es keine Unfreiheit mehr gibt, da alle Kinder Gottes dann in einer Gemeinschaft der Machtlosigkeit zusammenwirken, über die niemand zu herrschen braucht – nur Gott allein.

Doch Israels Geschichte verlief seit eh und je zwischen dem Traum des gewaltlosen Königtums Gottes und dem Trauma menschlicher Machtgier. Es war ein Mittelweg, der zwischen den Visionen der großen Künder und den pragmatischen Sachzwängen eines Staatswesens den Ausgleich sucht, ihn hie und da verfehlte, aber dennoch ein Gleichgewicht zwischen Utopie und Empirie zu bewerkstelligen vermochte. Ein Übergewicht der Vision gefährdete den Bestand der Politeia nicht weniger als eine Verdrängung der religiösen Dimension. Denn nur das harmonische Zusammenspiel der beiden, in dem sich das Sakrale und Säkulare gleichsam die Hände reichen, machte aus dem alten Israel das Volk Gottes, das »zum Licht für die Völker« bestimmt worden war.

Als Israel sich endlich unter dem Druck der Nachbarvölker für eine Monarchie entscheidet, wird dieser Entschluß eindeutig als Assimilation an die Heidenwelt angeprangert (1 Sam 8,5) und teilweise als militärische Notwendigkeit entschuldigt (1 Sam 8,20), aber schließlich unerbittlich als Abfall von Gottes Alleinherrschaft verurteilt (1 Sam 8,7f.).

Grenzen der Monarchie

Durch zwei Satzungen wurde alle Herrschaft in Israel eingeschränkt: das Verbot der Fremdherrschaft (Dt 17,14ff.) im sogenannten Königsgesetz – und das Gebot der Toratreue – (Dt 17,18–20), das alle Regenten zeitlebens der prophetischen Maßregelung und der Kritik anhand des Bibelethos unterwarf. »Du bist der Mann, der Arme beraubt und Ehebruch begeht ... warum hast du das Wort des Herrn verachtet?« (2 Sam 12,7ff.) Wenn sich sogar König David solche theopolitischen Kampfansagen öffentlich vom Propheten Nathan gefallen lassen muß, werden aller monarchischen Herrschsucht und Habgier klare moralische Grenzen gesetzt.

Menschsein, aus rabbinischer Sicht, heißt eine Zerreißprobe zwischen zwei Polen bestehen: Erdenkloß und Ebenbild; erdgebunden und himmelanstrebend, friedliebend und kriegführend zugleich. Und da sich zu dieser Bipolarität noch das Schaukelspiel zwischen Allmachtsallüren und Ohnmachtsgefühlen gesellt, weiß der Mensch nur selten, wie man mit der Macht am besten umgehen soll.

Machtgebrauch ist die Kunst des Möglichen – so sagen die Politologen. Macht verdirbt auch die Besten – so beweisen es die Historiker. Machtgier ist der Brennstoff aller soziologischen Dynamik – so behaupten Gesellschaftskundler.

Die Bibel scheint allen weitgehend Recht zu geben: Saul, der erste König in Israel, mißbraucht seine Stellung. David ist ein Ehebrecher und ein Krieger, »der viel Blut vergossen hat auf Erden«. Abschalom verschwört sich gegen den Vater, um König zu werden. Abimelech tötet all seine Brüder, um der Herrschaft willen. Und so erzählt Jotam, der letzte überlebende Sohn Gideons, den Männern in Israel die Fabel von den Machtsüchtigen – ein Gleichnis, das nach drei Jahrtausenden nichts von seiner Relevanz eingebüßt hat:

»Einst zogen die Bäume aus, um über sich einen König zu salben. Sie sprachen zum Ölbaum: Sei über uns König! Aber der Ölbaum sprach zu ihnen: Soll ich meine Fettigkeit lassen, darob mich Götter und Menschen ehren, und hingehen, um über den Bäumen zu schweben? Da sprachen die Bäume zum Feigenbaum: Komm du und sei über uns König! Aber der Feigenbaum sprach zu ihnen: Soll ich meine Süßigkeit lassen und meine guten Früchte und hingehen, um über die Bäume zu regieren? Da sprachen die Bäume zum Weinstock: Komm du und sei König über uns! Aber der Weinstock sprach zu ihnen: Soll ich meinen Most lassen, der Götter und Menschen erfreut, und hingehen, um über die Bäume zu herrschen? Da sprachen alle Bäume zum Dornbusch: Komm du, sei König über uns! Da sprach der Dornbusch zu den Bäumen: Wollt ihr wirklich mich zum König über euch salben, so kommt, bergt euch in meinem Schatten! Wo nicht, so gehe Feuer aus vom Dornbusch und verzehre die Zedern des Libanons!« (Ri 9,8ff.)

Wie aktuell klingt doch diese älteste politische Satire der Weltliteratur! König will nur einer werden, der zum Wohl der Gemeinschaft nichts beizutragen hat, weder Fett noch Süße noch die Freude des Weins. Schatten bietet er an! Was hätte er schon

davon zu liefern? Dabei bedroht er noch die Zedern, unter denen man erquickenden Sonnenschutz finden kann. Nichts als leere Angebote und protzige Drohungen.
So gibt Jotam das erlauchte Königtum des alten Orients dem schallenden Gelächter von ganz Israel preis. Und die alte Fabel ist mit einem Lächeln so lange weiter erzählt worden, bis ihre Pointe zur Grundlage der weltweiten Demokratie werden konnte.

Der Gott der kleinen Leute

Wie hält es Gott hingegen mit den Mächtigen und den Machtlosen? Die Antwort beginnt auf den ersten Seiten der Bibel und zieht sich durch alle ihre Bücher:
Kain ist der Bevorzugte, durch seine Erstgeburt und die Vorliebe seiner Mutter. Er nimmt, wie es dem Brauchtum des antiken Orients entspricht, alle Privilegien der Macht in Anspruch, auch wenn es gilt, über Leichen zu gehen. Doch mit Abel beginnt die Vorliebe Gottes für die Schwachen und die Zu-kurz-Gekommenen: Isaak, der Sohn der Verheißung, ist Abrahams Zweitgeborener; ebenso Jakob, dessen erste Söhne als Schwächlinge und Rohlinge zurückgestellt werden, um Joseph, dem Jüngsten, zu weichen. David ist der Geringste unter allen Söhnen des Isai, und dennoch wird gerade er zum König gesalbt. So wird schon vom ersten Bruderpaar an unzweideutig ausgesagt, daß der Schöpfer des Weltalls den Hochmut, die Macht und die Privilegierten entthront (wie auch Maria im Magnificat bestätigt), da dieser Gott aus seinen unerforschlichen Gründen ein Gott der Demut, der Ohnmacht und der kleinen Leute sein will.

Die sogenannten Gottesfeinde
Antijudaismus bei Paulus?

Sind die Quellen des Antijudaismus im Neuen Testament zu finden? So wird heutzutage im christlich-jüdischen Dialog gefragt. Der katholische Theologe Clemens Thoma antwortet in seinem Buch »Kirche aus Juden und Heiden«: »Das Neue Testament ist an sich nicht antisemitisch, es erhält aber heute nachträglich einen antisemitischen Beigeschmack, wenn man es verkündet, ohne im Geist in das Zeitalter Jesu und in das Land der Juden zurückzusteigen.« (Wien 1970, S. 90)
Ulrich Wilckens, der evangelische Theologe (und heutige Bischof), gibt eine andere Antwort. In einer Monographie, betitelt »Das Neue Testament und die Juden«, behauptet er, daß »die ›antijudaistischen‹ Motive im Neuen Testament christlich-theologisch essentiell« seien. (Evangelische Theologie Nr. 34 1974, S. 610f.)
Eine dritte Meinung lautet, das Neue Testament sei eine Urkunde des Überganges von einer jüdischen Jesusbewegung zu einer weltumfassenden Heidenkirche und beinhalte als solche die unvermeidliche Polemik des Auseinandergehens der Glaubenswege zwischen der frühen Kirche und ihrer Mutter, der Synagoge.
Die Frage bleibt also bis heute weitgehend umstritten. Unumstritten jedoch bleibt die Tatsache, daß in einer Reihe von Fällen mittels zur Tradition gewordener Fehlübersetzungen eine judenfeindliche Tendenz in den biblischen Kanon hineininterpretiert worden ist. Mit Genugtuung darf festgestellt werden, daß im Laufe der letzten Jahre hier bereits etliche Korrekturen von den beiden Großkirchen veranlaßt wurden. Dennoch läßt

so manches in den jüngsten Bibelübersetzungen zu wünschen übrig.
So zum Beispiel schreibt Paulus im Römerbrief über die Juden: »Im Blick auf das Evangelium sind sie zwar Feinde um euretwillen; aber im Hinblick auf die Erwählung sind sie Geliebte um der Väter willen.« (Röm 11,28)
Die Lutherausgabe des NT vom Jahre 1975 bringt folgende Verdeutschung: »Im Blick auf das Evangelium sind sie zwar *Feinde Gottes* ... «
Diese Ungeheuerlichkeit, die in keiner der griechischen noch der lateinischen Handschriften zu finden ist und die auch Luthers Ausgabe von 1545 nicht kennt, wurde nun endlich in der neuesten Textrevision von 1984 korrigiert und auf ihren paulinischen Ursprung zurückgeführt. Die Einheitsübersetzung in ihrer Endfassung (1980) die, wie es auf der ersten Seite heißt, »im Auftrag der Bischöfe Deutschlands, Österreichs, der Schweiz, des Bischofs von Luxemburg ... (und) des Rates der Evangelischen Kirche in Deutschland« herausgegeben wurde, bringt jedoch folgende Wiedergabe:
»Vom Evangelium her gesehen sind sie *Feinde Gottes*, und das um euretwillen; von ihrer Erwählung her gesehen, sind sie von Gott geliebt, und das um der Väter willen.« (Röm 11,28)
Hier wird also zweimal, im Gegensatz zum Urtext, »Gott« herbeibemüht, was Paulus, der redegewandteste aller neutestamentlichen Autoren, doch wohl selbst getan hätte, wenn dies zu sagen seine Absicht gewesen wäre.
Was ist der Grund dieser eigenwilligen Hinzufügung? Weil sowohl »Befeinden« als auch »Lieben« transitive Zeitworte sind, so wurde mir gesagt, die ein Objekt erheischen, das hier jedoch in beiden Fällen fehlt. Und weil Paulus, wie der Zusammenhang (angeblich) nahelegt, »an Gott gedacht haben muß.« Was Gott betrifft, wird er im 11. Kapitel des Römerbriefes nicht weniger als 13mal namentlich erwähnt und weitere neunmal durch das passivum divinum umschrieben. Hätte Paulus sich auch in Röm 11,28 unmittelbar auf ihn beziehen wollen, so hätte er wohl kaum einer späten Nachhilfe benötigt.

Die geliebten Söhne Gottes

Einerseits besteht kein Zweifel, daß für den Juden Paulus seine »Brüder« (9,3) in der Tat »Geliebte« sind, wobei, hebräischem Sprachgebrauch gemäß, die passive Form unmißverständlich auf Gott hindeutet, der ihnen ja, trotz ihrer Sündhaftigkeit, als »Söhnen des lebendigen Gottes« (Röm 9,26) seine Vaterliebe durch jene acht Privilegien erweist (Röm 9,4–5), die sowohl die »Erwählung« und die »Gottessohnschaft« wie auch »die Bündnisse« (also: *alle*, einschließlich dem »Neuen Bund«) und die »Torah-Gebung« auch nachösterlich mit einbeschließen.
Eben diese Gnadengaben Gottes werden im unmittelbaren Anschluß an (Röm 11,28) als »unwiderrufliche« Liebeserweise Gottes bestätigt (Röm 11,29).
Dieselbe Gnadenliebe begründet für Paulus auch die Heilstatsache, daß »ganz Israel gerettet werden wird«. (Röm 11,26)
Gottes Liebe wird aber auch erwidert, denn, wie Paulus seinen Brüdern bescheinigt: »Sie haben Eifer für Gott« (Röm 10,2) – eine Herzensregung, die dem »Eifer« des Paulus vor seinem Damaskuserlebnis entspricht (Gal 1,14; Phil 3,6) und in beiden Fällen einer leidenschaftlichen Liebe zu Gott gleichkommt.

Die Gottesfeindschaft der Welt

»Feindschaft gegen Gott «kommt im Neuen Testament nur zweimal vor, wobei es beide Male um die ganz persönliche Haltung des Menschen geht. Unser »natürliches« Menschsein, so sagt Paulus (Röm 8,7; vgl. Gal 5,17), ist seit Adams Sündenfall wesenhafte Feindschaft gegen Gott – eine Sünde, durch die der Tod »zu allen Menschen durchgedrungen ist« (Röm 5,10.12).
Hinter der zweiten Stelle: »Die Freundschaft mit der Welt ist Feindschaft gegen Gott« (Jak 4,4) steht die Überzeugung, daß diese Welt, so wie sie ist, gegen Gottes Willen lebt – eine Ansicht, die vor allem das negative Weltbild des Johannes geprägt hat. Während für Johannes »alles, was in der Welt ist« (z. B. 1

Joh 2,16) sich als gottfeindlich erweist, verwandelt Jakobus diese Feststellung in eine persönliche Entscheidungsfrage: Entweder du bist Freund der Welt; dann bist du ein Feind Gottes; wenn du aber Freund Gottes sein willst, mußt du die Feindschaft der Welt in Kauf nehmen. Kurzum: »Feinde Gottes« sind im Neuen Testament entweder »die Welt« oder »das Fleisch« als weltsüchtige Einstellung – oder aber: Alle Menschen oder der einzelne, der sich für »die Welt« und daher »gegen Gott« entschieden hat. Niemals aber ist es eine Menschengruppe oder gar ein Volk, dem die Liebe Gottes sowie die fortwährende Erwählung und Berufung durch Gott so oft und so nachdrücklich wie dem alten Israel bestätigt wird. In wiefern also sind die Juden »Feinde«?

Grammatik und Semantik weisen den Weg zu zwei möglichen Antworten.

Die Gegner des Evangeliums

Da die Präposition »kata« auch »gegen; wider« bedeuten kann, wenn es um feindseliges Handeln oder Reden geht (z. B. Röm 8,33; 11,2), so kann »das Evangelium« in Röm 11,28 als der Gegenstand dieser »Feindschaft« verstanden werden, die daher keines weiteren Objekts bedarf. Andererseits läßt die syntaktische Struktur des Verses, vor allem durch das Partikel-Paar: men-de erkennen, daß die zweimal wiederholte Präposition »kata« die beiden Satzhälften zu einer Kontrastharmonie verbinden soll:

Im Hinblick auf das Evangelium sind die Juden zwar »Feinde«; im Hinblick auf die Erwählung aber sind sie »Geliebte«. Ihr »Feindsein« bezieht sich also auf das Evangelium, das sie in der Tat bis heute ablehnen. Daß aber diese Ablehnung keineswegs zu ihrer Ablehnung durch Gott geführt hat, betont Paulus mit doppeltem Nachdruck: »Das sei ferne!« (Röm 11,1 und 11) Mehr noch! Das jüdische Nein zum Evangelium wird von Paulus als Teil des göttlichen Heilsplanes verstanden: Sie wurden zu

Gegnern des Evangeliums »um euretwillen«, wie Paulus den Heidenchristen kundtut, denn dank der Abkehr der Juden, denen ja die Frohbotschaft »zuerst« (Röm 1,16 und 2,9) gepredigt werden mußte, wurde sozusagen ein »Freiraum« geschaffen für den Eintritt der Heiden in Gottes Heilsbereich. Derselbe Gedankengang, der der jüdischen Nicht-Annahme der Pauluspredigt einen heilsnotwendigen Sinn gibt, hallt deutlich auch in Röm 11,11; 11,15 und 11,19–21 wider. Daher sind die Juden nicht »verstockt«, sondern, wie Paulus erklärt, »sie sind verstockt worden« (Röm 11,7), was eindeutig Gott zum Urheber ihrer »Verhärtung« macht (11,7f.) – nach Gottes Ratschluß und zum Heil der Welt, wie der Apostel es Mal um Mal herausstellt. So sind also die »Feinde des Evangeliums« keineswegs »Feinde Gottes«, sondern Mit-Vollzieher des Willens ihres Vaters im Himmel, »denn Gott hat alle zusammen in den Ungehorsam eingeschlossen, damit Er alle begnadige« (Röm 11,32).

Zeitweilig zurückgesetzt

Es gibt auch eine zweite Deutung, die dem assoziativen Denken des Paulus entspricht. Im 11. Kapitel des Römerbriefes geht es, wie bekannt, um die Kernfrage: Hat Gott sein Volk *verstoßen*? wobei das letzte Wort, das Paulus zweimal wiederholt (Röm 11,1 und 2), ein Ausdruck ist, der aus dem jüdischen Eherecht stammt, auf das sich der Apostel auch in Röm 7,1–4 in allegorischer Weise beruft. Wie die Propheten Jesaja, Jeremia, Ezechiel und Hosea des öfteren das Verhältnis zwischen Gott und Israel mit den Worten einer Ehe-Symbolik vergleichen (z. B. Jes 62,4f.; Jer 2,2; Ez 16,8; Hos 3,1–3), so schwebt auch dem Paulus hier mit größter Wahrscheinlichkeit dieselbe Terminologie vor, der ja die beiden Schlüsselbegriffe »erkennen« (d. h. lieben) und »verstoßen« (d. h. scheiden) entstammen. Da Paulus jedoch häufig in Kontrastpaaren argumentiert – wie etwa: Jakob und Esau; wilder und edler Ölbaum; irdisches und »oberes« Jerusalem – um sein dualistisches Heilsbild von Juden und Heiden zu veranschaulichen, lenkt das Stichwort »verstoßen« seine Gedanken unwillkürlich auf Deut 21,14ff. wo von zwei Frauen ein und desselben Gatten die Rede ist – genau wie in Gal 4, wo Sarah und Hagar typologisch mit dem Alten und Neuen Bund verglichen werden und wo ebenso vom »verstoßen« der Magd Hagar und ihres Sohnes die Rede ist (Gen 21,10; Gal 4,30).

Wenn aber Sarah als Begründung dieses von ihr geforderten »Verstoßens« ihrer Magd Hagar sagt: »Denn der Sohn der Magd soll nicht mit dem Sohn der Freien erben«, wie Paulus gleich danach zitiert, so wacht die Torah im 5. Buche Moses darüber, daß die Kinder der »gehaßten« Gattin nicht ebenso zurückgesetzt werden wie ihre Mutter, sondern ihr volles Recht bei der Erbschaft ihres Vaters genießen.

Wobei »Hassen« genau so unwörtlich zu verstehen ist wie Jesu Auftrag »Vater, Mutter, Weib, Kind, Brüder und Schwestern zu hassen« (Lk 14,26). Gemeint ist (auf hebräisch) in beiden Fällen: weniger lieben, hintansetzen oder zurückstellen.

In Gen 29,31 heißt es in diesem Sinn: »Als Gott sah, daß Leah ›gehaßt‹ war, öffnete Er ihren Schoß« – während Rachel, die »geliebte« Gattin Jakobs, für lange Zeit »unfruchtbar war«. Die Folgerung ist eindeutig: Die ohne ihre Schuld »gehaßte« Frau wird vom gerechten Gott entschädigt und bevorzugt.

Ebensolche zwei Frauen, als Sinnbilder der beiden Lieben Gottes (vgl. Röm 10,12–13; 4,29–30), schweben dem Paulus vor: Israel, »die Geliebte« (Röm 11,28 b) und das zum Glauben gekommene Heidentum, dem zuliebe Gottes erste Liebe zeitweilig »zurückgesetzt« wird – zugunsten der Heidenchristen – die aber ihrer endzeitlichen Errettung durch Gott gewiß sein kann (Röm 11,26).

Diese zeitlich begrenzte Zurücksetzung entspricht sprachlich der »gehaßten« Frau im Eherecht, was wiederum auf griechisch durch die hier adjektivisch benützte Vokabel »echtroi« als »gehaßt« (oder: Kinder der »Gehaßten«) zum Ausdruck kommt.

Woran der bibelkundige Paulus hier auch gedacht haben mag, sind die Worte Jesajas, der seinem Volk Trost in der Not zu-

spricht – mittels derselben Verneinung jedweder mutmaßlichen »Verstoßung« Israels: »Denn der Herr hat dich (Israel) zu sich gerufen, wie ein verlassenes und zu Tode betrübtes Weib, das Weib der Jugendzeit; wie könnte es verstoßen werden, spricht dein Gott!?« (Jes 54,6f.)
In Deut 21 geht es um das Erbrecht der Kinder beider Frauen, wobei der Erstgeborene der »Gehaßten« das Erstlingsrecht behält. Denn der Vater (Gott) »kann nicht den Sohn der Frau, die er liebt, zum Erstgeborenen machen, vor dem Erstgeborenen der Gehaßten, sondern er soll den Sohn der gehaßten Frau als den ersten Sohn anerkennen.« (Deut 21,16–17)
Also bleiben »die Kinder Israel« trotz der vorläufigen Zurücksetzung ihrer Mutter »die Geliebten« Gottes.
Nichtsdestoweniger behalten die Nachkommen beider »Frauen«, dem hebräischen Erbrecht getreu, ihr Recht auf ihren Anteil am väterlichen Nachlaß, »denn es ist kein Ansehen der Person bei Gott« (Röm 2,11); »denn alle, die durch den Geist Gottes geleitet werden, die sind Söhne Gottes« (Röm 8,14) und »Jeder, der den Namen Gottes anrufen wird, der wird errettet werden.« (Joel 3,5; Röm 10,13)
Fest steht, daß nach beiden Deutungen von Röm 11,28 eine bleibende »Berufung« und »Auserwählung« für »Feinde Gottes« theologisch genau so undenkbar ist wie die selbstlose Liebe des Paulus, der wohl kaum für »Feinde Gottes« gewünscht hätte, selbst »verflucht, von Christus getrennt zu sein«, und für sie, die er »meine Brüder« nennt, »unaufhörlichen Schmerz in seinem Herzen« empfunden hat.
Das Fazit zieht Prof. Franz Mussner, der katholische Vorkämpfer für die »Entfeindung« der Übersetzungen des biblischen Kanons: »Die Einführung des Genitivs (Feinde) ›Gottes‹ in Röm 11,28a ist exegetisch und theologisch nicht berechtigt, widerspricht dem Urtext und ruft im Leser und Hörer unwillkürlich antijudaistische Gefühle hervor. Sie tut den Juden wieder einmal Unrecht. Die Juden sind keine Feinde Gottes.« (Dynamik im Wort, Stuttgart 1983, S. 238).

Aufforderung zum Zwiegespräch
Notwendigkeit und Nutzen des christlich-jüdischen Dialogs

Neunzehnhundert Jahre christlich-jüdischen Gegeneinanders kann man in einem Satz zusammenfassen: Aus Kleingläubigkeit wurde der Andersgläubige zum Ungläubigen verketzert, ja oft sogar zum Unmenschen verteufelt. Wie unbiblisch solch ein engstirniger Heils-Chauvinismus im Grunde ist, schien nur allzu wenige hüben und drüben zu bekümmern. Seit dem Auseinandergehen der Wege, als die Frühkirche und Israel sich voneinander trennten, schrie man und schmähte man einander mit all der leidenschaftlichen Vehemenz eines Bruderzwistes, der bald in feindliche Gegnerschaft ausartete.

Scheindialoge gab es wohl; ebenso Doppelmonologe zwischen Rechthabern und Besserwissern, die aneinander vorbei predigten – und Schaudisputationen, die eine triumphale Kirche veranstaltete, um den jüngeren Glauben auf Kosten des älteren öffentlich zu verherrlichen. Erst heute dämmert uns allen die biblische Binsenwahrheit, daß Gottes universale Vaterschaft alle gläubigen Menschen unter ein und dieselbe schrankenlose Gnadenliebe stellt, die weder heillose Stiefkinder noch ein Sonderheil für Günstlinge kennen kann. Wenn dieser Urglaube sich zu toleranter Demut durchzuringen vermag, dann sollte ein echtes Zwiegespräch nicht schwer sein – ein Durchbruch zum Dialog von Glauben zu Glauben, von Zuversicht zu Zuversicht, in dem keine falsche Einheit noch künstliche Gemeinsamkeiten erstrebt werden, sondern Eintracht in der gottgewollten Vielfalt unserer Glaubenswege.

Doch noch ist es nicht soweit. Vorerst gilt es, das seltsame Verhältnis zwischen zwei verwandten Bibelreligionen von Grund auf richtig zu verstehen, und das bedarf eines Zurücksteigens in die frühen Jugendjahre des Christentums.

1800 Jahre Haßliebe

Zweideutigkeit kennzeichnet seit den frühen Anfängen die Wechselbeziehungen zwischen Kirche und Judentum. Aus dem Volk Israel gingen Jesus, Maria, alle Apostel und die ersten Kirchen hervor; Juden haben jedoch – laut dem Johannesevangelium – Jesus ans Kreuz gebracht, und, was für die Kirchenväter noch ärger ist, sie weigern sich, »in ihrem leiblichen Bruder Jesus« den Weltheiland anzuerkennen.
Ohne Jesus gäbe es kein Christentum; er selbst jedoch blieb bis zum letzten Atemzug ein frommer Jude.
»Das Heil kommt von den Juden«, so heißt es in Joh 4,22; aber kurz danach: »Ihr (Juden) habt den Teufel zum Vater.« (Joh 8,44)
»Die Juden gefallen Gott nicht und sind allen Menschen feind«, so schrieb Paulus, der Pharisäerzögling (1 Thess 2,15), aber später widerrief er: »Im Hinblick auf die Erwählung bleibt Israel von Gott geliebt um der Väter willen.« (Röm 11,28)
Das sind die widersprüchlichen Leitmotive, die in seltsamer Kontrastharmonie die Schriften des Neuen Testaments charakterisieren. Kein Wunder, daß sie zu einer tiefgreifenden Ambivalenz in der christlichen Einstellung zum Judentum geführt haben.
Einerseits kam es schon im 2. Jahrhundert zu einer platonischen Liebe zum abstrakten Israel als »dem Volk der Schrift« – denn beide Testamente wurden ja hauptsächlich *von* Juden *über* Juden vorerst *für* Juden geschrieben; für das Volk des »Alten Bundes« –, denn alle Gottesbündnisse der hebräischen Bibel galten ja ausschließlich dem leiblichen Israel und letztlich für »die Brüder Jesu nach dem Fleische«, denn Jesu Judesein konnte in keinem der Evangelien totgeschwiegen werden.
Andererseits entwickelte sich eine wachsende Feindschaft zu den »perfiden Juden« – weil sie drei Jahrtausende lang ihrem Glauben treu geblieben sind; gegen die »verräterischen Juden« – weil ein gewisser Judas angeblich seinen Herrn für 30 Silberlinge verkauft hatte; und schließlich gegen die »Gottesmör-

der« – weil das vierte Evangelium die Hauptschuld am Tode Jesu seinen eigenen Glaubensgenossen zuschiebt.
Mit der Tinte dieser Haßliebe sind 1800 Jahre jüdisch-christlicher Entfremdungs-Geschichte geschrieben worden.
Während dieser langen Zeit gab es zwar Zwangsdisputationen, die von der Reichskirche als erbauliche Volksbelustigungen veranstaltet wurden, nur um den älteren Glauben anzuprangern und sich den eigenen – aus dem Munde wehrloser, verängstigter Juden – bestätigen zu lassen. Mit einem echten Meinungsaustausch hatten diese Zwangsgespräche so viel zu tun wie Liebe mit Prostitution.

Neue Ansätze

Erst in der 2. Hälfte unseres Jahrhunderts ist es zu zaghaften, aber ehrlichen Ansätzen eines Zwiegesprächs gekommen, das bis heute von zwei historischen Ereignissen geprägt ist:
Der Holocaust des Hitlerregimes, das inmitten eines getauften Europas ein Drittel aller Juden ihres gott-gegebenen Lebensrechtes beraubte – und die Staatsgründung Israels, drei Jahre nach dem 2. Weltkrieg. Was den Massenmord betrifft, spricht Hans Küng für viele Christen, wenn er schreibt: »Der nazistische Völkermord war das Werk Gott-loser Verbrecher, aber ohne die fast zweitausendjährige Vorgeschichte des christlichen Antijudaismus wäre er unmöglich gewesen. Keine der antijüdischen Maßnahmen des Nazismus: Kennzeichnung durch Judensterne, Ausschluß von Berufen, Mischeheverbot, Plünderungen, Vertreibungen, Hinmetzelungen und Verbrennungen war neu. Dies alles gab es schon im christlichen Mittelalter und der christlichen Reformationszeit. Nach Auschwitz gibt es nichts mehr zu beschönigen. Um das klare Eingeständnis ihrer Schuld kommt die Christenheit nicht herum.«
Woraus J. B. Metz, sein katholischer Kollege, die Forderung folgert, »keine Theologie mehr zu treiben, die so angelegt ist, daß sie von Auschwitz unberührt bleibt, bezugsweise unberührt bleiben könnte.« Dem fügt er hinzu: »Wir Christen kom-

men niemals mehr hinter Auschwitz zurück; über Auschwitz hinaus aber kommen wir, genau gesehen, nicht mehr allein, sondern nur noch mit den Opfern von Auschwitz. Das ist in meinen Augen die Wurzel der jüdisch-christlichen Ökumene.«
(Gott nach Auschwitz, Freiburg 1979, S. 124)
Daß es eines kaltblütigen Genozids bedurfte, um Christen zu bewegen, endlich christlich mit den leiblichen Brüdern Christi umzugehen, ist ein Gedanke, der einem den Weltschmerz beibringen kann. Wie dem auch sei, von 1948 bis 1982 wurden über 50 kirchliche Erklärungen über das Verhältnis von Christentum und Judentum veröffentlicht, die alle bestrebt sind, die Beziehungen zwischen den beiden Bibelreligionen zu verbessern. Die Herausgeber waren auf katholischer Seite: das Zweite Vatikankonzil, das vatikanische Sekretariat für die Einheit der Christen, verschiedene nationale Bischofskonferenzen, regionale Synoden und Theologische Kommissionen. Auf protestantischer Seite: der Ökumenische Rat der Kirchen, der Rat der Evangelischen Kirche in Deutschland, die Anglikanische Kirche, verschiedene Landeskirchen und Freikirchen und – sehr sporadisch – interkonfessionelle Arbeitsgruppen in allen fünf Erdteilen. Doch ehe wir diese kirchlichen Urkunden erörtern, gilt es die Kardinalfrage zu stellen: Worum geht es eigentlich in der christlich-jüdischen Auseinandersetzung – ein treffliches Wort, das sowohl die ursprüngliche Zusammengehörigkeit als auch die spätere Trennung zum Ausdruck bringt?

Die neuralgischen Punkte

Die neuralgischen Punkte sehe ich hauptsächlich in sechs christlichen Behauptungen (keiner einzigen jüdischen), die zum traditionellen Bestand fast aller Kirchen gehören:
1. Der in der Jüdischen Bibel geweissagte Messias sei Jesus aus Nazareth gewesen, der unter Pontius Pilatus ans Kreuz geschlagen worden ist.
2. Die Auserwählung Israels sei seit der Ablehnung und Kreu-

zigung Jesu auf die Kirche übergegangen, die nunmehr »das wahre Israel« sei.

3. Die Straffolge für die Kreuzigung Jesu sei die Zerstörung Jerusalems anno 70 und die Zerstreuung der Juden, als Ausdruck der göttlichen Verwerfung Israels.

4. Das jüdische »Gesetz« – womit die Tora gemeint ist – sei, laut Paulus, durch den Glauben an Jesus Christus ersetzt und hiermit aufgehoben worden.

5. Der Missionsauftrag zu Ende der ersten zwei Evangelien gelte »den Juden zuerst und auch den Griechen« (Röm 1,16; 2,9), und da ja »außer Christus kein Heil« sei (Apg 4,12), so sei die einzige Lösung der Judenfrage in einer Massentaufe zu sehen. Dies klingt für jüdische Ohren wie eine neue »Endlösung« – mit Glacé-Handschuhen, die an Blasphemie grenzt.

6. Da Jesus gesagt haben soll, daß »niemand zum Vater komme, denn durch mich« (Joh 14,6), gilt seit dem Kirchenvater Tertullian der Absolutheitsanspruch: Kein Heil außerhalb der Kirche. Womit die große Mehrheit der nicht-christlichen Menschheit zur Heillosigkeit prädestiniert wird.

Die zentrale Streitfrage aber betrifft den Rabbi Jesus von Nazareth: Christen behaupten, Gott sei in ihm Mensch geworden, um die sündige Menschheit durch sein Leiden zu erlösen.

Juden hingegen behaupten, er wurde zum Gott erhoben, da die antike Heidenwelt – an Gott-Menschen gewöhnt – nur so den geistigen Zugang zur Heilsbotschaft Israels erlangen konnte.

Die grundlegende Paradoxie des Christentums ist es demnach, daß sein Heiland als Jude zur Welt kam, sein Leben lang aramäisch sprach, hebräisch betete und jüdisch lebte, strebte und starb – aber dennoch von Juden als Messias abgelehnt wird.

Die grundlegende Paradoxie des Judentums liegt in der Tatsache, daß unser prophetischer Missionsauftrag, »ein Licht für die Heiden zu werden« und das Wort Gottes »bis an die vier Enden der Welt hinaus zu tragen«, weitgehend im Namen eines frommen Juden bewerkstelligt wurde, der aber im Laufe seiner Wirkungsgeschichte den Graben zwischen Juden und Nichtjuden erheblich vertieft hat. Angesichts so vieler Widersprüche stehen wir vor der Wahl: Entweder pocht jeder auf seine eigene Wahrheit und verdammt den anderen als verstockt oder irrgläubig – oder wir ringen uns zu einer freimütigen Aussprache durch, einem zaghaften Zwiegespräch, das heute noch in den Kinderschuhen steckt.

Der heutige Stand des Dialogs.

In allen diesen Kontroversen ist es dem christlich-jüdischen Dialog in den letzten drei Jahrzehnten gelungen, die Kluft zu verringern, Konflikte zu entschärfen und eine behutsame Annäherung zu erwirken – verhältnismäßig wenig angesichts der gestellten Aufgaben, dennoch weit mehr, als in den fast zwei Jahrtausenden, die seit dem Auseinandergehen der Wege bis zum 2. Weltkrieg verstrichen sind, geschehen ist.
In all diesen Versuchen ging es niemals um irgend einen Synkretismus oder einen jüdisch-christlichen Einheitsbrei, noch um eine Rückkehr zum Judenchristentum des ersten Jahrhunderts, als die Frühkirche noch Teil ihres vielstimmigen Judentums war.
Den Auftakt gab das II. Vatikanum mit seinem hart umkämpften Konzilsdokument »Nostra Aetate« (§ 4), das seine Entstehung dem unvergessenen Papst Johannes XXIII. verdankt.
Trotz sechs aufeinander folgender Neuformulierungen, etlicher bedauerlicher Streichungen sowie inhaltlicher Verwässerungen kam es letztlich doch zu der längst fälligen Wiederentdeckung der Juden und des Judentums – sowohl in ihrem Eigenwert als auch in ihrer Bedeutung für das Selbstverständnis der Kirche.
Um drei Hauptpunkte geht es vor allem in diesem Dokument: die Betonung der geistlichen Verbundenheit der Kirche mit dem Judentum von der Wurzel Abrahams her; die Ablehnung jeder Form von Antisemitismus und die Mahnung an Priester, Prediger und Katecheten, sich vor jeglicher Verfälschung der christlichen Botschaft durch feindselige Ausfälle gegen Juden zu hüten.
Das in allen Kirchenurkunden aufscheinende Leitmotiv ist die einstimmige Verwerfung des Antijudaismus als unvereinbar mit der Liebesbotschaft Jesu, wobei jedoch die Dokumente in

ihrer Anerkennung des Zusammenhanges zwischen kirchlicher Judenfeindschaft und nazistischem Antisemitismus sowie der christlichen Mitverantwortung am Holocaust variieren.
Ein weitgehendes Schuldbekenntnis wurde von der gemeinsamen Synode der katholischen Bistümer in Würzburg am 22. November 1975 abgelegt:
»Wir sind das Land, dessen jüngste politische Geschichte von dem Versuch verfinstert ist, das jüdische Volk systematisch auszurotten ... Die praktische Redlichkeit unseres Erneuerungswillens hängt auch an dem Eingeständnis dieser Schuld und an der Bereitschaft, aus dieser Schuldgeschichte unseres Landes und auch unserer Kirche schmerzlich zu lernen: Indem gerade unsere deutsche Kirche ... besondere Verpflichtungen für das so belastete Verhältnis der Gesamtkirche zum jüdischen Volk und seiner Religion übernimmt.«
Andere Probleme, mit denen sich die Kirchen in ihren Erklärungen befassen, sind der Inhalt des Begriffs »Erwählung«, der Stellenwert des sog. »Alten Testaments« (das für Juden weder »alt« noch ein »Testament« ist), die Beziehung zwischen den beiden Testamenten, die bleibende Gültigkeit der an Israel ergangenen Verheißungen, die heikle Frage nach der leidigen Judenmission und die noch kompliziertere Frage nach der Liturgiereform, deren Zweck es ist, antijüdische Stellen aus dem christlichen Gottesdienst zu tilgen. Die Kernfragen nach der Trinität, der Gottessohnschaft und der Inkarnation hat man bis heute noch nicht auf die Tagesordnung des Dialogs zu setzen gewagt.
Aus den Dokumenten ergibt sich eine relative Einigkeit über die Anerkennung des biblischen Israel als des Volkes des Alten Bundes und des Trägers der ursprünglichen Erwählung, an dessen Erbe die Kirche des Neuen Bundes teilhat. Unterschiedliche Haltungen treten jedoch hinsichtlich des Urteils über die Stellung der Kirche zum heutigen Judentum zutage. Trotz Übereinstimmung über eine gewisse (umstrittene) Kontinuität zwischen dem biblischen Israel und dem heutigen Judentum gehen die Meinungen darüber auseinander, ob auch das letztere noch als Gottes erwähltes Volk anzusehen sei oder nicht.

Die EKD-Studie von 1975 konstatiert lediglich, daß sich Juden und Christen »beide als Volk Gottes verstehen«, während die französischen Bischöfe in ihrer Erklärung von 1973 feststellen, das jüdische und das christliche Volk befänden sich »in einem Zustand gegenseitigen Infragestellens«, jedoch sind »Israel und die Kirche nicht zwei Institutionen, die einander ergänzen«. Als Inhalt des zu führenden Dialogs mit dem Judentum wird vor allem die Frage nach dem Sinn des »Alten Testaments« als des »gemeinsamen biblischen Erbes« genannt. Etliche Dokumente ermahnen die Kirche, ihr Verständnis von Erwählung angesichts der Existenz des Judentums neu zu überdenken.

Auch die Torafrömmigkeit des heutigen Judentums wird als vollgültig anerkannt, wobei das Arbeitspapier des Gesprächskreises Juden und Christen der Deutschen Katholiken von 1979 einen bedeutsamen Schritt weitergeht: »Durch den Juden Jesus wirkt im Christentum die Tora weiter. Durch ihn ist sie als Gottes Verheißung und Gebot dem Christen zur Verwirklichung aufgegeben.«

Ein wichtiger, in der Erklärung des II. Vatikanums nur verkürzt angesprochener Gedanke ist die Entlastung der Juden von der traditionellen Anklage als »Gottesmörder«. Die Teilschuld der damaligen Juden, so betonen fast alle Dokumente, sei der allgemeinen Schuld der gesamten Menschheit einzurechnen, für die Jesus insgesamt gesühnt habe.

Aber auch wenn etliche Juden damals an seinem Tode mitschuldig waren, so kann es nicht um »Gottesmord« gehen, denn für seine Glaubensgenossen war der Nazarener entweder ein Rabbi, ein Rebell oder ein Prophet – aber kein Gott noch ein Sohn Gottes im griechischen Sinn des Wortes.

Ein spezielles Problem stellt die Existenz des modernen Staates Israel und seine mögliche theologische Bedeutung dar.

Während die meisten Dokumente die Frage nur gewunden berühren, sehen einige in der Gründung dieses Staates »ein Zeichen der Treue Gottes«, während andere die »Heimkehr der Juden« mit der Mahnung zum Frieden mit den arabischen Nachbarn verbinden.

Schließlich spielt auch das Thema »Judenmission« in den Erklärungen eine Rolle. Für die Weltkirchenratskonferenz in Amsterdam 1948 war der Gedanke des Missionsauftrages auch an die Juden noch ganz selbstverständlich. In den neueren Erklärungen hat sich diese Ansicht erheblich gewandelt.

Die französischen Bischöfe (1973) schließen für Begegnungen zwischen Juden und Christen die Bekehrungsabsicht ausdrücklich aus, weil das jüdische Volk Gegenstand eines »Ewigen Bundes« sei, ohne den der »Neue Bund« nicht bestehen könne.

Die meisten christlichen Stellungnahmen zum Verhältnis Kirche-Judentum gehen entsprechend dem ntl. Befund von einer dialektischen Voraussetzung aus: Einerseits ist die Periode des alten Israel als des erwählten Gottesvolkes durch das Christuszeugnis und die Zeit der Kirche abgelöst worden. Andererseits ist aber die einmal geschenkte Erwählung Israels »unbereubar« und daher unwiderruflich, da Gott durch allen menschlichen Ungehorsam hindurch in seiner Treue an seinen einmal gegebenen Zusagen und Verheißungen festhält.

Zum Thema des Judeseins Jesu kam die bislang deutlichste Aussage aus Fulda: »Wer Jesus Christus begegnet, begegnet dem Judentum.«

Diesen Anfangssatz der jüngsten Erklärung der deutschen Katholischen Bischöfe vom 28. April 1980 hat sich auch der Papst bei seinem Besuch in Mainz (17. November 1980) zu eigen gemacht.

Bedeutsam ist hier sowohl die Tatsache, daß nicht von einem Elitejudentum oder einem Teiljudentum die Rede ist, sondern von »dem Judentum« in all seiner globalen Vielstimmigkeit, als auch die Betonung von »Jesus Christus«, so daß niemand ihn hier zum »historischen Jesus« schrumpfen lassen kann, sondern es beim Heiland der Kirche bleibt, der nach Meinung aller Christen die Mitte ihres Glaubens ist. Hiermit wird endlich Jesu Judesein zur unverzichtbaren Dimension der Christologie erklärt.

Die jüngste dieser Erklärungen, die des Österreichischen Epis-

kopats vom Jahre 1982, bringt gebündelt die meisten dieser dialogträchtigen Gedanken zum Ausdruck, wobei es wohl tut, feststellen zu können, daß das häufigste Wort in der 14seitigen Broschüre die Vokabel »gemeinsam« ist. So ist die Rede vom »gemeinsamen Grund der Hoffnung«; von der »gemeinsamen Erwartung« der Vollendung des Gottesreiches und »dem gemeinsamen Zeugnis«, zu dem Juden wie Christen herausgefordert sind. (»Die Christen und das Judentum«, Wien 1982)
Bei all diesen wohlmeinenden Erklärungen besteht jedoch die Gefahr, daß sie ihre Laufbahn in Kirchenarchiven, Bibliotheken und Doktordissertationen beenden, ohne den Dorfpfarrer in Tirol oder den Pastor in Schleswig-Holstein im geringsten zu beeinflussen. Wie man den neuen Geist der Aufgeschlossenheit an die Basis bringt, das gehört wohl zu den Hauptfragen des Dialogs.
Soweit in groben Umrissen der heutige Stand des Dialogs, der schrittweise begonnen hat, den Schutt von Mißverständnissen, Vorurteilen und Feindbildern abzuräumen, den ein tausendjähriges Aneinander-vorbei-Schweigen aufgehäuft hat.
An Schwierigkeiten fehlt es dabei keineswegs.

Komplikationen

Zum guten Willen gesellt sich auf beiden Seiten häufig viel Naivität und Unwissen über historische Hintergründe, soziologische Zusammenhänge und die Sensibilitäten der anderen Seite. Ein weiteres Hindernis ist die Vielfältigkeit und Unübersichtlichkeit der Gesprächsansätze, die gleichzeitig auf verschiedenen Ebenen geführt werden, wie zum Beispiel von Lutheranern und Reformjuden, dem »konservativen Judentum« und der Katholischen Kirche sowie der jüdischen Orthodoxie und der Anglikanischen Kirche und noch viele mehr. Daneben gibt es sehr dynamische Gesprächskreise, christlich-jüdische Gesellschaften, Volkshochschulen, Rundfunkseminare und Fernsehgespräche, die samt und sonders der Verständigung von Juden und Christen aller Schattierungen gewidmet sind.

Das Pech oder das Glück dabei will es, daß weder das Christentum noch das Judentum einheitliche Größen sind, sondern eher lose Dachorganisationen, die in beiden Religionen ein buntes Mosaik von Glaubensstrukturen, theologischen Einstellungen und Spiritualitäten beheimaten. Das Resultat ist eine Aufsplitterung fast aller christlich-jüdischen Fragestellungen, die den Systematiker zur hellen Verzweiflung bringen können, dem Ökumeniker aber nützliche Denkanstöße liefern.

Von den Asymmetrien, die den Dialog komplizieren, sei nur die entscheidendste erwähnt: Während der Christ, im Nachsinnen über seinen Glauben, notgedrungen auf das Judentum stoßen muß, das fast auf keiner Seite seines Kirchenkanons fehlt, stößt so mancher Jude auf das Christentum nur als »Umwelt«, als ehemalige Verfolger, als »Tochterreligion« oder, im besten Fall, als geschichtlich interessante Abzweigung vom Stamme Israel. Von christlicher Seite wird hie und da die Vermutung laut, einige christliche Dialogiker seien entweder mit ihren Kirchen zerstritten oder träten als Außenseiter auf, die aus Schuldgefühlen oder aufgrund religiöser Verunsicherung zu theologischen Substanzverzichten bereit seien, nur um in jüdischen Kreisen Anklang zu finden. Hierzu gesellen sich die üblichen Eifersüchteleien der Wissenschaftler, die Grenzüberschreitungen auf ihr eigenes Gebiet befürchten. Die Judaisten werfen den christlichen Dialogikern mangelnde Fachkenntnisse in der Judentumskunde vor, während die Neutestamentler den jüdischen Dialogikern Voreingenommenheiten und unsachliche Vorurteile ankreiden.

Kurzum – die Turbulenzen im wissenschaftlichen Betrieb sind eigentlich immer dieselben, sobald sich ein neues Forschungsgebiet zu Wort meldet und versucht, sich auf akademischer Ebene zu verselbstständigen.

Ebenso gibt es innerjüdische Vorbehalte gegen den Dialog mit Christen. Mit diesen sollte man am besten nur über praktische Dinge sprechen – so heißt es häufig – wie etwa die Bekämpfung des Antisemitismus oder Unterstützung für den Staat Israel. Alles, was darüber hinausgehe, wie etwa Tagungen oder ge-

meinsame Bibelarbeiten, sei entweder private Liebhaberei oder verkappte Judenmission, in beiden Fällen aber gefährlich, da es die Assimilation, Mischehen und die Erosion jüdischer Traditionen fördern könnte. Leider fehlt es auch an jüdischen Dialogikern mit ausreichenden biblischen und theologischen Kenntnissen.
Daß es bei all diesen Hemmnissen und Hindernissen dennoch zum Dialog gekommen ist, ja, daß er von einer kleinen, aber festentschlossenen Minderheit von Christen und Juden resolut weitergeführt wird, grenzt an ein Wunder.
Wer sind die Gesprächspartner, die den Dialog führen?

Fruchtbare Fragen

Eine Handvoll Wissenschaftler (meistens Theologen, Judaisten, Historiker und Orientalisten), gefolgt von Wißbegierigen der verschiedensten Herkünfte und Bildungsstufen. Was ist das Geheimnis jüdischer Hoffnungskraft? Wie bringt es »das kleinste unter allen Völkern« (Dt 7,7) fertig, die längste Kette von Unmenschlichkeiten, die je Menschen ihren Mitmenschen angetan haben, zu überleben, nur um die Renaissance einer neuen Staatsgründung zu bewerkstelligen? Wie konnte die klassische Minderheit der Weltgeschichte zwei andere Großreligionen entscheidend prägen und ein halbes Dutzend Ideologien weitgehend beeinflussen?
Sind die Juden wirklich »der einzig reale Gottesbeweis«, wie Karl Barth behauptet hat? (»Dogmatik im Grundriss«, Zürich 1977, S. 88) Was diesen christlichen Fragen erhöhte Brisanz verleiht, ist die allmählich wachsende Einsicht, daß kein Christ die Geschichte seines Glaubens verstehen kann, ohne die jüdischen Wurzeln der Kirche kennen-zu-lernen, die keineswegs zu den museumsreifen Antiquitäten zählen, sondern quicklebendig in seiner Liturgie, seinen Schriftlesungen, im Glaubensbekenntnis und in der Katechese auf Schritt und Tritt auftauchen, sobald man ihrer jüdisch-jesuanischen Ursprünge gewahr werden will. Analog dazu entwickelt sich in Kreisen jüdischer

Akademiker eine unbefangene Neugierde betreffs der Äste und Zweige, die aus ihrem »edlen Ölbaum« (Röm 11,24), wie ihn Paulus nennt, gewachsen sind.
Wie kommt es, daß dieser fromme Rabbi aus Nazareth zum Heiland der größten Religion auf Erden geworden ist?
Hat er das selbst gewollt – oder wurde er erst später zum Kristallisationspunkt für die tausend unerfüllten Hoffnungen der Heidenwelt? Ist es letztlich ihm zu verdanken, daß die Tora, die Zehn Gebote und die Kernbotschaft der Propheten Israels zum Glaubensgut des Abendlandes geworden sind? Ist das alles Menschenwerk oder mag es zum Heilsplan Gottes gehören, wie sowohl der Maimonides, die Leuchte des jüdischen Mittelalter, als auch Franz Rosenzweig behauptet haben?
Zu dieser heilsamen gegenseitigen Neugierde, die sich nicht mehr mit veralteten Klischees begnügt, sondern den Andersgläubigen in seiner authentischen Identität zu verstehen versucht, gehören auch »die drei Dimensionen des Dialogs«, wie sie der Papst in Mainz am 17. November 1980 beschrieben hat: »Die erste Dimension, nämlich die Begegnung zwischen dem Gottesvolk des von Gott nie gekündigten Alten Bundes und des Neuen Bundes, ist zugleich ein Dialog innerhalb unserer Kirche, gleichsam zwischen dem ersten und zweiten Teil ihrer Bibel ... Eine zweite Dimension – die eigentliche und zentrale – ist die Begegnung zwischen den heutigen christlichen Kirchen und dem heutigen Volk des mit Mose geschlossenen Bundes ... Noch eine dritte Dimension möchte ich kurz ansprechen ... Juden und Christen sind als Söhne Abrahams berufen, Segen für die Welt zu sein, indem sie sich gemeinsam für den Frieden und die Gerechtigkeit unter allen Menschen und Völkern einsetzen, und zwar in der Fülle und Tiefe, wie Gott selbst sie uns zugedacht hat, und mit der Bereitschaft zu den Opfern, die dieses hohe Ziel erfordern mag.« Soweit Papst Johannes Paul II.
Dies ist das zu erstrebende Ziel, das aber in weiter Ferne liegt. Zu den bereits errungenen Erfolgen des Dialogs gehören u. a. die Textrevision christlicher Liturgien (wie z. B. die »perfiden Juden«, die aus der Karfreitagsliturgie endlich gestrichen wur-

den), die ansatzweise Entgiftung christlicher Schulbücher von judenfeindlichen Beschreibungen, die Bereinigung von Wörterbüchern, Lexika und Nachschlagewerken von Ausdrücken wie »Schacherjude«, »Wucherjude«, der »Ahasver-Mythos« vom ewig Wandern-Müssenden Juden und viele andere .
Weniger wahrnehmbar, aber ebenso wichtig ist eine langsame Auflockerung und Entkrampfung in den gesellschaftlichen Beziehungen zwischen Juden und Christen.

Dialog und Pseudodialog

Dennoch beweisen eingefahrene Stereotypen wie »der Gottesmord«, der »Judaslohn«, »Aug' um Aug', Zahn um Zahn« als »jüdische Vergeltungsmoral« und das sogenannte »Spätjudentum« mitsamt den arg verleumdeten »Pharisäern« ihre hartnäckige Zählebigkeit. Dasselbe gilt für den »grausamen Rache-Gott des Alten Testaments«, die »Gesetzesreligion« des Moses und die »Nächstenliebe«, die angeblich Jesus im Kontrast zum Judentum erfunden habe. (Lev 19,18 in Mk 12,30 f.)
An den Universitäten gibt es des öfteren so etwas wie einen theologisch-sachlichen Antijudaismus, der prinzipiell keine jüdischen Kommentare zur Schriftauslegung benützt, die hebräische Bibel studiert, ohne nach dem jüdischen Selbstverständnis zu fragen, die »Verwerfung Israels« und Christus als »das Ende des Gesetzes« fraglos übernimmt, jedoch zugleich »Tochter Zion, freue Dich« als christliches Kirchenlied singt, ohne sich darüber Gedanken zu machen, daß dieses Prophetenzitat auf hebräisch von Juden für Juden gesprochen wurde und daß »Zion« ein Berg mitten in der Hauptstadt Israels ist, der seinen Namen der Zionistischen Bewegung gegeben hat.
All dies bewegte Friedrich Heer, als er kurz vor seinem Tode schrieb: »Solang zwar im Dunstkreis falscher Freundlichkeiten bei offiziellen Anlässen christlicherseits den Juden gegenüber alles Nette gesagt wird, solange aber nicht zugleich die festen Burgen der Theologie fallen, so lange kann von einem Beginn, vom Anfang eines anfänglichen Dialogs nicht gesprochen wer-

den, so lange können die notwendigen Auseinandersetzungen zwischen Christen und Juden gar nicht in jener tiefen Schicht einwurzeln, um die es letzten Endes geht.« (Aus einem Brief vom 9. Dez. 1982)
Um solchen Schein-Ökumenismus der Pseudo-Dialoge durch ein echtes Zwiegespräch zu ersetzen, bedarf es vor allem der beiderseitigen Bereitschaft, auf den anderen einzugehen, wirklich hinzuhören auf all das, was ihn bewegt, von ihm dazuzulernen und, wenn nötig, auch umzudenken.
Wozu brauchen wir also den Glaubensdialog?
Der Christ, um seine eigenen Wurzeln zu entdecken, um Jesus als Juden kennenzulernen und um sein Neues Testament in all seiner Hebraizität besser zu verstehen. Der Jude, um seinem Auftrag, seine Glaubensbotschaft zu verkündigen, gerecht zu werden und um jene weltweite Ökumene aller Gottesfürchtigen zu fördern, die das prophetische Endziel der Hebräischen Bibel ist. Mit den Worten des Propheten Zephanja: »Dann aber will Ich den Völkern reine Lippen geben, daß sie alle des Herrn Namen anrufen sollen und Ihm einträchtig dienen.« (Zeph 3,9)
Die wichtigste Motivation für meinen Entschluß, dem jüdisch-christlichen Dialog als Gesprächspartner zu dienen, war ein Brief von Rabbiner Abraham Joschua Heschel, einem der bedeutendsten jüdischen Denker unserer Zeit: Im Jahre 1964 schrieb er an alle Lehrer des jüdischen Volkes:
»Welches sind die Voraussetzungen für ein Gespräch zwischen den Juden und der christlichen Welt? Die wichtigste Voraussetzung ist der Glaube selbst. Zweitens, daß man sich für die Situation des anderen Menschen öffnet ohne Rücksicht auf seine Religion. Drittens sind wir verpflichtet, die existentielle wechselseitige Beziehung zwischen Judentum und Christentum anzuerkennen. Keine Gemeinschaft ist in unseren Tagen eine einsame Insel, und was die Köpfe und Herzen der Christen bewegt, macht einen tiefen Eindruck auf das, was die Herzen und Köpfe vieler Juden bewegt. Die Frage unserer Tage ist nicht mehr das Judentum im Gegensatz zum Christentum, sondern:

Was ist unsere Verpflichtung gegenüber dem Gott Israels angesichts des Nihilismus und der Verzweiflung? Wir müssen uns aufrichtig und ehrlich fragen: Was wollen wir Juden? Wollen wir wirklich, daß das Christentum aus der Welt verschwindet und daß der Nihilismus seine Stelle einnimmt? Ist es nicht vielmehr unsere Verpflichtung, die Tatsache als einen Segen anzunehmen, daß es in der ganzen Welt Menschen gibt, für die unsere Bibel ein Buch von größter Bedeutung ist, obwohl sie sich von uns eindeutig in der Art unterscheiden, wie sie diese Bibel auslegen? Am Ende bleibt doch die Tatsache, daß es die christliche Kirche ist, welche den Namen des Gottes Israels der Völkerwelt gebracht hat.« Soweit Rabbi Heschel aus New York. (Prozdor No. 11, Jerusalem 1967, S. 107)

Die Botschaft dieses Briefes stellte mich vor die Entscheidung, Zuschauer oder Zeuge in unserer Welt zu sein, und führte mich in die Begegnung mit der christlichen Welt – in der Überzeugung, daß diese Welt die jüdischen Zeugen nicht entbehren kann.

Denn wir beide, Juden wie Christen, brauchen den Dialog als gegenwärtiges, aus seinem Ursprung lebendes und die eigene Substanz ernstnehmendes Judentum und Christentum, um im Ich-und-Du des Zwiegesprächs zu lernen, ohne Verwischungen und Umgehungen der Unterschiede, was den Juden zum Juden und den Christen zum Christen macht.

Oder wollen wir Gefahr laufen, zu vereinsamten Glaubensinseln in einem stürmischen Ozean von Apathie, Atheismus und gleichgültigem Materialismus zu schrumpfen?

Vor allem aber benötigen wir den Dialog, um gemeinsam unsere biblische Aufgabe zu erfüllen, die heute mehr denn je in der Bewahrung der uns anvertrauten Schöpfung besteht, in der Wahrung von Menschenwürde und Menschenrechten überall und im Aufbau jenes *Schalom,* der die Kriegsgefahren unserer Tage durch unser Beispiel vorgelebter Entfeindung und versöhnter Eintracht-in-der-Vielfalt zu entschärfen gewillt ist.

Das ist der Prüfstein unseres Glaubens an den Gott der Bibel. Hier liegt die dreifache Herausforderung an den christlich-jüdischen Dialog von morgen.

Denk ich an Deutschland ...
Juden und Christen zwischen Trauma und Traum

Das jüdische Geschichtsverständnis, wie es seinen Niederschlag in der hebräischen Bibel findet, war seit eh und je konsequent und zweiteilig. Alle Niederlagen, Vertreibungen und Leiden Israels wurden den Sünden und Verfehlungen der Juden zugeschrieben. Alle Siege, Blütezeiten und die seltenen Epochen des Aufatmens wurden als unverdiente Gnadenerweise Gottes erachtet.
Seit dem Holocaust kann das nicht mehr gelten – es sei denn, man wäre bereit, Adolf Hitler und seine SS-Einsatztruppen zu Werkzeugen Gottes umzufunktionieren. Ein Gedanke, der zu obszön ist, um ernstlich erwogen zu werden. Nicht um die Gottesfrage geht es letzten Endes, denn warum soll der Herr der Welt als Lückenbüßer für die Unmenschlichkeit der Zweifüßler herhalten? Die Frage, die nicht verstummen will, heißt: Wo war der Mensch, als das Morden mechanisiert wurde und Millionen verschlang?
Ein Menschenalter ist vorbeigegangen seit jenem unsagbaren Grauen, das wir, weil es uns die Sprache verschlägt, mit dem Ortsnamen Auschwitz benennen. Eine neue Generation ist inzwischen aufgewachsen, von denen allzu viele diesen Völkermord am liebsten vergessen, verdrängen oder gar verleugnen wollen. Laßt doch das alles endlich ruhen, so wird oft gesagt, oder: Wie lange kann man denn in der Rückschau auf das Entsetzen leben?
Unsere Weisen, die reich waren an Leidenserfahrung, haben es anders gelehrt: Vergessen führt in die Verbannung; Erinnerung

beschleunigt die Erlösung. Erinnerung bedeutet jedoch nicht nur das schmerzliche Wieder-Erleben vergangener Greueltaten, sondern vor allem eine Verinnerlichung jener großen Gottesfinsternis, um an ihr heranzureifen, sie seelisch weitmöglichst zu bewältigen und, nicht zuletzt, um aus ihr zu lernen.

Theodor W. Adorno schreibt: »Die Forderung, daß Auschwitz nicht noch einmal sei, ist die allererste der Erziehung.«

Um diese Forderung zu fördern, bedarf es aber der aufgeschlossenen Fragestellung, vielleicht auch der jüdischen Selbstkritik und einer vorläufigen Zwischenbilanz der Lektionen, die die Überlebenden jenes Unterganges gelernt haben.

Vor allem hat uns die jüngste Weltgeschichte die Binsenwahrheit beigebracht, daß ein Volk ohne Heimat keine Sicherheit auf Erden genießen kann; daß sogar für das elementare Existenzrecht nicht mit der Gastfreundschaft des Wirtsvolkes gerechnet werden darf.

In den Worten von Chaim Nachman Bialik, dem hebräischen Dichter: »Jedes Volk hat nur soviel Himmel über sich, als es eigenen Boden unter seinen Füßen hat.«

Konkret gesprochen: Wenn es einen Judenstaat schon anno 1938 gegeben hätte, anstatt erst im Jahre 1948, wer weiß, wie viele wertvolle, unersetzliche Menschen heute noch am Leben wären, die längst in Rauch und Asche aufgegangen sind.

Sinn und Schuld

Sucht man nachträglich einen Sinn in jenem Wahnsinn, der den Namen Auschwitz trägt, so ist er doch vor allem in der Tatsache zu finden, daß Auschwitz nicht das letzte Wort ist, noch sein darf. Als der Morgen über den Krematorien und den Leichenhaufen graute, gab es Überlebende, die mithelfen konnten, den Staat Israel zur Welt zu bringen, als das markanteste Symbol jüdischen Lebenswillens. Die unüberhörbare Botschaft dieses Staates ist das Zeugnis des Lebens

gegenüber dem Tod, das Zeugnis der Gesundheit gegenüber krankhafter Zerstörungswut, der jüdischen Selbstbestätigung gegenüber der Flucht vor der eigenen Identität, ein lautes Ja zum Aufbau und zum Neubeginn gegenüber dem Nein der sinnlosen Vernichtung.
Zwei weitere Lektionen hat der Jüdische Weltkongreß Anno 1958 in einem Memorandum zusammengefaßt, das Papst Johannes XXIII. in Rom überreicht wurde. Dort heißt es in lapidarer Kürze: »Einem Volk das Verbrechen des Gottesmordes vorzuwerfen, führt letzten Endes zum Völkermord. Ein Volk zu Menschen zweiter Klasse zu degradieren, führt unvermeidlich zu ihrer Ausrottung.« Beides ist den Juden Deutschlands widerfahren.
Zu den traurigen Schlußfolgerungen der Gaskammern gehört auch die Banalität des Bösen, wie Hannah Arendt es nannte. Massenmörder sind nicht zwangsläufig satanische Ungeheuer oder blutrünstige Dämonen, sondern können auch völlig normale Durchschnittsmenschen sein wie etwa Adolf Eichmann, dem schlecht wurde, wenn er Blut sah, oder Rudolf Höss, der Kommandant von Auschwitz, der in seiner Todesfabrik Rosen züchtete, Sonaten auf dem Klavier spielte und sonntags artig in die Kirche ging.
Zu den wichtigsten Ernüchterungen, zu denen uns jene Dschungeljahre verhalfen, gehört auch die fast totale Gleichgültigkeit der zivilisierten Welt. Propst Grüber, der selbst im Konzentrationslager zu leiden hatte, sagte 1961 als Zeuge vor Gericht in Jerusalem: »Daß es einen Fall Eichmann gibt, daran sind wir Deutschen schuld, aber nicht nur wir Deutschen.« Es muß klar gesagt werden, daß alle Völker mitschuldig wurden, weil kein Volk etwas Nennenswertes für die Hilfeleistung getan hat. Wir haben damals bei fast allen Staaten angeklopft, nirgendwo hat sich eine Türe aufgetan. Wenn nur ein Bruchteil des Verantwortungsbewußtseins vorhanden gewesen wäre, das sich jetzt in aller Welt für Flüchtlinge und Verfolgte kundtut, dann wären vielleicht Millionen gerettet worden, die man Eichmann stillschweigend zur Endlösung

überlassen hatte. Bestätigung findet diese Behauptung in der Autobiographie David Ben Gurions, des Staatsgründers Israels, der 1965 schrieb: »Amerika, England und Frankreich sind am Untergang von Millionen europäischer Juden mitschuldig.« In der Tat, trotz der verzweifelten Hilferufe der jüdischen Gemeinden und Organisationen, trotz aller Proteste rühmlicher Einzelgänger und weltbekannter Persönlichkeiten, trotz der alarmierenden Berichte westlicher Journalisten, die schon im Jahre 1938 keinen Zweifel mehr über das Endziel der Naziführung übrigließen, war keine der Großmächte bereit, die Opfer aus den Händen ihrer Henker zu retten. Georges Bonnet, der französische Außenminister, versicherte Ribbentrop, daß Frankreich keine weitere Einwanderung von Juden wünsche. Die Schweizer Behörden sandten tausende von Flüchtlingen, die illegal ihre Grenze überqueren konnten, in die Arme der deutschen GESTAPO zurück. Präsident Roosevelt begnügte sich damit, bei einer Pressekonferenz Amerikas »Entrüstung« Ausdruck zu verleihen, ergriff aber keinerlei konkrete Maßnahmen, um Abhilfe zu schaffen. So konnte Senator Daniel Moynihan im Mai 1979 dem amerikanischen Senat ins Gedächtnis rufen, »daß die USA zu den Nationen zählten, die während der Zeit des Nationalsozialismus jüdische Flüchtlinge abgewiesen und in den Tod zurückgeschickt hatten... Wir sprechen nicht aus der Position moralischer Überlegenheit«, sagte der Senator, »sondern vom Standpunkt geteilter moralischer Verantwortlichkeit für den Holocaust.« Mit Recht höhnte Göbbels anno 1938 in seiner Presse mit unüberhörbarer Schadenfreude: »Juden billig abzugeben! Wer will noch mal? Niemand?« Als Hitler sah, wie untätig die Welt zusah, als er deutsche Juden in aller Öffentlichkeit zu »Untermenschen« entwürdigte, wußte er bereits, daß auch seine spätere »Endlösung« auf keinen wesentlichen Widerstand stoßen würde – und leider behielt er Recht.

Diese Unterlassungssünden der Weltmächte schmälern natürlich keineswegs die Naziverbrechen die im Namen des deutschen Volkes gegen das Judentum begangen worden sind.

Die unumgehbare Folgerung, die sich aus dem Ablauf der damaligen Ereignisse aufdrängt, ist eine zweifache. Der Millionenmord der Rassenideologen war kein Verhängnis, sondern vermeidbar, wenn Menschen menschlicher und wenn die Getauften auch wahre Christen gewesen wären. Er ist aber auch wiederholbar. Denn keine Macht auf Erden kann garantieren, daß unter gewissen Umständen sich jener Teufelskreis von Selbstherrlichkeit, Gehässigkeit und technisch-wissenschaftlicher Kompetenz nicht ein zweites Mal irgendwo zur Staatspolitik verdichtet und dann in ein Genozid ausmünden könnte.

Saat und Ernte

Im Buche Genesis lesen wir im Segen, den Isaak seinem Sohn Jakob erteilt: »Gesegnet sei, der dich segnet, und verflucht sei, der dir flucht.« (Gen 27,29) Bileam, der Heidenprophet, erweitert die Botschaft des Herrn auf alle zwölf Stämme: »Gesegnet sei, der euch segnet, und verflucht, der euch verflucht.« (Num 24,9) Für die Schwerhörigen donnert es der Prophet Sacharja ein drittes Mal ganz unüberhörbar: »Der, der Israel antastet, der tastet Gottes Augapfel an.« (Sach 2,12) Die letzten Zweifel zerstreut Paulus im Galaterbrief: »Irret euch nicht«, so warnt er die Heidenkirche, »Gott läßt seiner nicht spotten. Denn was der Mensch sät, das wird er ernten.« (Gal 6,7)
Wenn ihre Warnungen in den Wind geschlagen werden, bedient sich die Pädagogik Gottes oft der seltsamsten Methoden, um ihre Botschaft einzubläuen. Paul Tillich und Dietrich Bonhoeffer standen nicht allein, als sie im November 1938 nach der sogenannten Reichskristallnacht predigten: »Wenn heute die Synagogen in ganz Deutschland lichterloh brennen, so werden bald auch unsere Kirchen in Flammen stehen.« Knappe fünf Jahre später bewiesen die alliierten Bombergeschwader die prophetische Weitsicht dieser Kirchenmänner.

Landesbischof Theophil Wurm schrieb im Dezember 1943 an den Chef der Reichskanzlei in Berlin: »Unser Volk empfindet vielfach die Leiden, die es durch die feindlichen Fliegerangriffe ertragen muß, als Vergeltung für das, was den Juden angetan worden ist. Das Brennen der Häuser und Kirchen, die Flucht aus den zerstörten Wohngebieten, die Ratlosigkeit im Suchen eines Zufluchtsortes, all dies erinnert die Bevölkerung auf das Peinlichste an das, was vor kurzem die Juden erdulden mußten.«

Am Ostersonntag 1935 schrieb Armin Wegner in einem offenen Brief an Hitler: »Es geht nicht um das Schicksal unserer jüdischen Brüder allein. Es geht um das Schicksal Deutschlands. Denn wen muß einmal der Schlag treffen, den man jetzt gegen die Juden führt, wen anders als uns selbst?« Zwölf Millionen deutscher Kriegsopfer, Tote, Verschollene, Invalide und Verwundete bewahrheiten die düstere Voraussage des deutschen Schriftstellers.

Hitler wollte seine Wahlheimat zum Großdeutschen Reich machen, das halb Europa beherrschen sollte. Noch nie war Deutschland so klein, wie es durch seine Kriege geworden ist. Das Deutsche Reich ist von der Landkarte verschwunden, und der Rest hat ein Drittel seines früheren Staatsgebietes eingebüßt. »Ein Volk, ein Reich, ein Führer!« Das war seine Einheitsdevise, die letztlich zur Entzweiung in zwei verfeindete deutsche Staaten geführt hat, getrennt durch einen Grenzwall, der das ganze Land durchläuft.

Reinrassig, arisch und volldeutsch wollte er seine Volksgenossen machen. Aber noch nie gab es in Deutschland so viele Türken, Jugoslawen, Portugiesen, Araber, Menschen aus aller Herren Länder, eine lebendige Antithese seines Ideals der »Herrenrasse«.

Helden, Kämpfer und Krieger wollte der Führer aus dem deutschen Volk machen. Das Resultat von 1945 ist jedoch eine friedliebende Bundesrepublik, deren Jugend alle Deutschtümelei, jedweden Chauvinismus oder elitären Nationalismus verabscheut. Nicht die geringste dieser erstaunlichen Schick-

salsironien liegt in der Tatsache, daß das Deutsche Volk, das Hitler zu Judenverächtern und Judenfeinden machen wollte, heute zu den besten Freunden des wiedergeborenen Judenstaates gehört.
Wenn wir die klassischen Anklagen des Hitlerschen Antisemitismus in der heutigen Rückschau überprüfen, stellt sich die Frage: Hat Deutschland durch die Ausschaltung der angeblich immoralischen, der »geilen« und der »wuchernden« Juden diese Untugenden aus seiner Mitte beseitigt? Das Gegenteil scheint der Wahrheit näher zu liegen: Die oft so beanstandete Konzentration der Warenhäuser ist seit Kriegsende stärker geworden, von der Abschaffung der berüchtigten Zinsknechtschaft kann nicht die Rede sein, die Kunst ist heute hier so gut wie judenrein, aber genauso »entartet«, wie sie Goebbels 1935 fand. Und was die deutsche Literatur betrifft, war sie noch nie so pornographisch wie in unseren Tagen.
Juden seien von Natur aus feige, ängstlich, treulos und unverbesserliche Drückeberger, so hieß es unzählige Male in den Nazipropagandamedien. Daß dies geglaubt wurde, ist um so seltsamer, wenn man bedenkt, daß von den 96 000 Juden, die im 1. Weltkrieg deutsche Waffen trugen, mehr als 10 000 Freiwillige waren, über 35 000 mit Orden ausgezeichnet wurden und 12 280 für Deutschland fielen, mehr, als in allen vier Kriegen Israels ihr Leben hingaben. Rund 45 000 deutsche Juden kämpften mit vollem Einsatz in den Armeen der Alliierten gegen Hitler. Wieviel mehr von ihnen hätten wohl lieber für ein gerechtes, tolerantes Deutschland gekämpft, hätte man sie nicht danklos und schamlos aus ihrer Heimat vertrieben. Ja, es gibt sogar eine These etlicher Nachkriegshistoriker, die Beweise dafür liefern, daß Deutschland sich durch seinen Rassenwahn so arg entkräftet und verarmt hatte, daß dieser Faktor entscheidend zu seiner Niederlage beigetragen hat.
Sicher ist es, daß Albert Einstein und James Franck, zwei von elf jüdischen Nobelpreisträgern deutscher Nationalität, ohne deren Forschung die Atombombe unmöglich gewesen wäre, ihre deutsche Heimat niemals freiwillig verlassen hätten. So

konnte Winston Churchill im Herbst 1940 im Unterhaus in London sagen: »Seit die Deutschen ihre Juden vertrieben haben, sind wir ihnen wissenschaftlich voraus.« In den Worten Sebastian Haffners in seinem Buch »Anmerkungen zu Hitler«: »Bis Hitler lag das Weltzentrum der Atomforschung in Göttingen, seit 1933 verlagerte es sich nach Amerika. Es ist eine interessante Spekulation, daß ohne Hitlers Antisemitismus wahrscheinlich Deutschland und nicht Amerika als erste Macht eine Atombombe entwickelt haben würde.«
Die Kampfparole Hitlers lautete seit seinen frühesten Anfängen: »Die Juden sind unser Unglück.« Die Ironie der Weltgeschichte oder der Finger Gottes wollte es, daß er dabei für sich und seine Gesinnungsgenossen wirklich recht behielt.
Doch die Hetzparole von den Juden als dem Unglück der Welt hat auch eine theologische Tiefendimension. Im Johannes-Evangelium sagt Jesus klipp und klar: »Das Heil kommt von den Juden.« (Joh 4,22) Jesus war selbst ein Jude, alle Apostel waren Juden, und die erste Christenheit samt dem Gründer des Papsttums wären ausnahmslos nach den Nürnberger Rassengesetzen in Auschwitz verbrannt worden. Für die Kirche ist das Heil Fleisch geworden in der Person eines Juden; für Hitler das Unheil – in der Person aller Juden. Keine gedankliche Akrobatik, keine Rhetorik kann diese Tatsachen verwischen, noch den Abgrund zwischen dem Jesuswort und der Hitlerlosung überbrücken. So unrecht hatte Bonhoeffer also nicht, wenn er Hitler den Antichrist nannte, denn nach den Juden standen ja auch die Kirchen auf der Vernichtungsliste jenes Anstreichers aus Braunau, dessen Tobsucht 50 Millionen Menschen das Leben gekostet hat.

Haß-Liebesgeschichte

Aus der Gesamtschau deutsch-jüdischer Beziehungen wird es immer klarer, daß die Juden in Deutschland geradezu vernarrt waren. Wie anders läßt es sich erklären, daß Leo Baeck, die

letzte Leuchte des deutschen Rabbinats, noch Ende 1933 öffentlich erklären konnte: »Die Erneuerung Deutschlands ist ein Ideal und eine Sehnsucht innerhalb des deutschen Judentums«, daß Hauptmann Löwenstein, der Vorsitzende der jüdischen Frontsoldaten, im Jahre 1934 sagen konnte: »Wir haben den heißen Wunsch, unsere ganze Kraft, unser Leben und Wirken für den nationalen Wiederaufbau Deutschlands einzusetzen«, daß kein Geringerer als Hans-Joachim Schoeps, der Leiter einer jüdischen Jugendbewegung, noch 1935 Hitler eine Gedenkschrift zu überreichen versucht, die der Integration der Juden in die deutsche Gesellschaft gewidmet war. »Sollte man mich zwingen, mein Deutschtum von meinem Judentum zu trennen, dann würde ich diese Operation nicht lebend überstehen«, dieses Wort von Franz Rosenzweig, dem großen Heimkehrer ins Judentum, wurde blutiger Ernst für Tausende seiner Glaubensgenossen, die an dieser Amputation seelisch dahinwelkten oder bis heute ein zerrissenes Dasein fristen. So blind und so fraglos konnte die jüdische Liebe zum Vaterland sein, daß sie vielen zum Verhängnis wurde. – In den Worten von Golo Mann: »Daß sie so sehr an ihrer Heimat hingen, hat zu ihrem Untergang beigetragen. Auch nach Hitlers Machtergreifung konnten sie einfach nicht glauben, was ihnen drohte, und darum verließen die meisten Deutschland nicht, solange sie es gekonnt hätten. Dieser Patriotismus ist im Rückblick tragisch und entsetzlich, aber wir haben keinen Grund, darüber zu spotten.«
Wie konnte der gebürtige Bürger eines zivilisierten Landes, wie konnte ein preußischer Oberstabsarzt, wie konnte ein Offizier, der im Krieg ein Bein verloren hatte und mit hohen Orden ausgezeichnet wurde, wie konnten sie befürchten, in Auschwitz zu enden? Was Tausende von deutschen Juden das Leben kostete, verdankten sie letzten Endes weder Hitler noch Eichmann, sondern im Grunde ihrem unverbesserlichen Optimismus, ihrer Unfähigkeit, den Deutschen Barbarei zuzutrauen, aber vor allem ihrem Glauben an den Menschen.
Im 9. Kapitel des Propheten Sacharja steht eine dunkle Stelle: »So kehret heim zur festen Stadt«, wird den Verbannten in Ba-

bylon gesagt, »ihr, die ihr Gefangene der Hoffnung seid.« (Sach 9,12) Jetzt erst verstehe ich die Zweischneidigkeit dieser jüdischsten aller Regungen: Sie findet unter Trümmern eine Blume, sie kann in tiefster Dunkelheit noch einen Lichtblick entdecken, sie kann ja sagen zum Risiko aller Zukunft, sie kann aber auch tödlich werden wie jeder Selbstbetrug. Auch das hat uns die Katastrophe von Auschwitz beigebracht: Hoffnung und Zuversicht, die keine rationalen Grenzen anerkennen wollen, können zu Mordkomplizen entarten.

Deutsche und Juden – wann begann eigentlich diese unglückliche Haß-Liebesgeschichte, die für manche zur Synthese, für andere zur Antithese, für die Nachdenklichen aber zu einer ambivalenten Kontrastharmonie geführt hat? Jüdische Gemeinden lebten am Rhein, am Main und an der oberen Donau lange, bevor es dort Christen gab; Jahrhunderte, ehe das Wort Deutsch (als Teodisk) zur Selbstbezeichnung der hiesigen Bevölkerung geworden war; ein halbes Jahrtausend, ehe die zusammengewürfelten Stämme der römischen Provinzen Germania superior und Germania inferior ein Volk zu werden begannen; über ein Jahrtausend, bevor man hierzulande von einem Politikum namens Deutschland zu träumen wagte. Wenn also die Länge der Seßhaftigkeit zum Kriterium der Bodenständigkeit erhoben wird, wie es das Wilhelminische Kaiserreich, die Weimarer Republik und das Dritte Reich immer wieder betonten, dann haben hiesige Juden einen viel besseren Anspruch auf Heimatrecht als all ihre getauften Mitbürger. Kronzeugen dafür sind u. a. das altdeutsche Gudrunslied, dessen älteste Handschrift keineswegs auf deutsch, sondern auf jiddisch erhalten ist, und die Lorelei, die ohne den Juden Heine so gut wie unbekannt geblieben wäre. Ja, sogar »der deutsche Michel« ist erzhebräisch und war schon über ein Jahrtausend der Schutzengel Israels, ehe Ludwig der Fromme ihn im 9. Jahrhundert auch zum Schutzpatron der Deutschen proklamierte.

Den Gesamtbereich deutsch-jüdischer Beziehungen kann man in drei Hauptepochen einteilen:

- Ein Jahrtausend eines oft zweideutigen Nebeneinanders: von Karl dem Großen bis zur Emanzipation, wo meistens in den Urkunden von der »jüdischen Nation« die Rede ist, die abgesondert in Gettos und Judengassen leben durfte.
- Zweitens, ein knappes Jahrhundert eines unglaublich fruchtbaren Miteinanders, das binnen zweier Generationen eine lange Galerie von jüdischen Koryphäen, Leuchten und Nobelpreisträgern hervorgebracht hat, ohne deren Beiträge und Entdeckungen unsere heutige Zivilisation kaum denkbar wäre. Es gibt fast kein Gebiet der Technik, der Wissenschaft und der Künste, das nicht vom schöpferischen Genius deutscher Juden bereichert wurde, das nicht das Prestige Deutschlands als Volk der Dichter und der Denker in aller Welt gefördert hätte.
- Gefolgt wurde diese allzu kurze Sternstunde von einem Jahrzehnt eines einseitigen Gegeneinanders, während dessen ein Drittel aller Juden wie Ungeziefer vertilgt wurde – das einzige Beispiel in der Weltgeschichte, in der ein Volk einen Großteil seiner eigenen geistigen Elite, seiner treuesten Bürger und Patrioten systematisch vernichtet hat oder in die Flucht zu jagen wußte.

Kein Volk haben Juden heißer geliebt, höher geschätzt und mehr beeinflußt als das der Deutschen. Kein anderes hat diese Liebe mit blutigerem Haß quittiert als die Bewohner dieses Landes. Nirgends auf Erden war das Zusammenleben zweier Völker fruchtbarer als auf deutscher Erde. In keinem anderen Land ist es furchtbarer geworden als hier. Nie und nirgends wurden Juden höher ausgezeichnet und so tief gezeichnet wie in diesem Kernland Mitteleuropas. Ebenbürtig war das gegenseitige Verhältnis fast nie. *Wahlverwandtschaft* war das Wort, das viele Juden für ihre Einstellung zum Deutschtum verwendeten. Zur *Qualverwandtschaft* wurde es allzu bald von seiten der deutschen Machthaber pervertiert, nur um nachträglich auf deutscher Seite im verspäteten Ruhm einer *Prahlverwandtschaft* auszumünden. Wie sehr sich dieses Land an geistigen

Kräften selbst verarmt hat, das werden wohl nur zukünftige Historiker feststellen können.

Wie unverzichtbar Juden für dieses Land einst waren, bezeugt sogar die traurige Travestie des zwölfjährigen Reiches. »Kann die Zugehörigkeit zur deutschen und zur jüdischen Rasse wissenschaftlich, blutsgemäß oder medizinisch eruiert und unterschieden werden?« – Auf diese höchst persönliche Frage Heinrich Himmlers an seine Fachleute Anno 1942 lautete die höchst geheime Antwort des sogenannten Korherr-Reports auf 143 Seiten: »Nein.«

Daß sich aus dem bunten Völkergemisch aus Griechen, Slawen, Kelten, Persern, Ägyptern, Romanen und Legionären aus aller Herren Länder, die sich seit Römerzeiten in Deutschland niedergelassen hatten, keine Reinheit des Blutes und schon gar nicht eine nordische Rasse ergeben konnte, war für jeden gesunden Menschenverstand eine unbestrittene Tatsache. Doch was sollten nun die Rassenideologen mit ihren Nürnberger Gesetzen tun? Die Notlösung fanden sie im Bereich der Theologie. Aus Taufregistern in Kirchenarchiven wurde die »Reinrassigkeit« erwiesen, das »Untermenschentum« hingegen aus den Karteien der Synagogengemeinden. Im heutigen Klartext heißt das: Wessen Eltern und Großeltern an einen gekreuzigten Juden geglaubt hatten, der war ein koscherer Arier. Wer hingegen den Glauben jenes Rabbis von Nazareth zu teilen wagte und in wessen Adern sein Blut floß, dasselbe Blut, das nach dem Neuen Testament Erlösung bringt und von allen Sünden läutert, der war Jude und als solcher todgeweiht. Wie immer man dies auch deuten oder deuteln mag, fest steht, daß Hitlers Reich, sein Regime und seine ganze Rassenlehre ohne Juden nicht auskommen konnte.

Da also das Deutschsein weder biologisch noch blutsgemäß und schon gar nicht medizinisch, sondern nur durch geistige Werte bestimmbar ist, drängt sich aus dieser Binsenwahrheit eine zweite Konsequenz auf, die auch heute nichts an ihrer Gültigkeit eingebüßt hat: Wenn zum echten Deutschtum eine seelische

Affinität zu Goethe, Schiller und Hölderlin gehört, wenn es einer Liebe zu den Dichtern und Denkern deutscher Zunge bedarf, sowie einer Vorliebe für Bachsonaten, Kammermusik und Brahms-Konzerte, dann war die Mehrzahl der hiesigen Juden viel, viel deutscher als die meisten ihrer sogenannten »arischen« Nachbarn – von den halbgebildeten Ignoranten der Nazielite und ihrer pompösen Deutschtümelei ganz zu schweigen.
Und wenn Glaubensstärke, Gottvertrauen und das stillschweigende Erdulden von Verfolgungen zur Mitte des Christseins gehört, dann zählten deutsche Juden zu den treuesten Nachfolgern ihres großen Bruders aus Nazareth.
Eine andere Lektion, die wir erlernen mußten, ist die zähe Langlebigkeit des Antisemitismus, der ja viel älter als Hitler ist und Hitler spielend überleben konnte. Zu Nazizeiten galten Juden, wie bekannt, als Feiglinge, die jedem Kampf aus dem Weg gehen, und als allzu geriebene Geschäftsleute, deren Gott der Mammon ist. Der heutige Staat Israel hingegen gilt für die neue Linke, für die alte Rechte und für die ewig Gestrigen als eine Bande von Aggressoren, Militaristen und Imperialisten, mit einem Wort: als das Preußen des Nahen Ostens! Andererseits ist es ein offenes Geheimnis, daß derselbe Judenstaat seit Jahrzehnten zutiefst verschuldet und so gut wie bankrott ist. Diese allgemein bekannten Tatsachen sollten genügen, um die beiden Hauptanklagen der Feigheit und der Geschäftemacherei ein für alle Male zu widerlegen, so könnte man denken.
Doch der Antisemitismus, unter den verschiedensten Deckmänteln, blüht emsig weiter. Denn für diejenigen, die den Juden als Prügelknaben oder Sündenbock für ihr eigenes labiles seelisches Gleichgewicht benötigen, für die stößt alle Logik auf taube Ohren. Es ist diese denkfaule Minderheit, von der schon im Jahre 1921 der Dichter Jakob Wassermann in tiefster Resignation geschrieben hat: »Es ist vergeblich, das Volk von Dichtern und von Denkern im Namen seiner Dichter und Denker zu beschwören. Es ist vergeblich, die rechte Wange hinzuhalten, wenn die linke geschlagen wird. Es rührt sie nicht. Sie schlagen

auch die rechte. Es ist vergeblich, in das tobsüchtige Geschrei Worte der Vernunft zu werfen. Sie sagen: Was, er wagt es aufzumucken? Es ist vergeblich, die Verborgenheit zu suchen. Sie sagen: Der Feigling verkriecht sich. Es ist vergeblich, unter sie zu gehen. Sie sagen: Was nimmt er sich heraus mit seiner jüdischen Aufdringlichkeit? Es ist vergeblich, ihnen die Treue zu halten, für sie zu leben und für sie zu sterben. Sie sagen: Er ist halt ein Jude!«

Jüdische Passionsgeschichte

Es war dieser blinde Haß, diese blutige Mordgier, die auch dann noch die amtliche Politik des Dritten Reiches war, als es in Berlin bereits eindeutig klar sein mußte, daß der Weltkrieg verloren war. Juden wurden erschossen, zu Tode gequält, erhängt und erwürgt bis in die ersten Maitage 1945, auch nach dem Selbstmord Hitlers, der mit einem Fluch gegen das Judentum sein Leben beendete.
Gegen solch abgrundtiefe Feindseligkeit, die nichts mehr mit dem gesunden Menschenverstand gemein hat, kann es nur die Antwort geben, die Rabbi Leo Baeck am Versöhnungstag Anno 1935 in seiner Synagoge in Berlin gab: »Wir stehen vor unserem Gott. Mit derselben Kraft, mit der wir unsere Sünden bekennen, sprechen wir es mit dem Gefühl des Abscheus aus, daß wir die Lüge, die sich gegen uns wendet, die Verleumdung, die sich gegen unsere Religion kehrt, tief unter unseren Füßen sehen. Wir bekennen uns zu unserem Glauben und zu unserer Zukunft. Wer hat der Welt das Geheimnis des einen Gottes gekündet? Wer hat der Welt die Achtung vor dem Menschen, dem Ebenbilde Gottes, gegeben? Wer hat der Welt die Gebote der Gerechtigkeit und der Nächstenliebe gewiesen? Der Geist der Propheten Israels, die Offenbarung an das jüdische Volk hat in dem allem gewirkt. An diesen Tatsachen prallt jede Beschimpfung ab.«
Mit der organisierten Plünderung aller deutschen Synagogen

1938 begann die Katastrophe. Auf die Entwürdigung folgte die Aushungerung, darauf kam die Aussiedlung und danach hieß die Endstation Auschwitz.

Doch auch sie ist nicht einzigartig in den langen Annalen der hebräischen Passion. In der Tat, die erste außerbiblische Erwähnung Israels, die wir besitzen, behauptet stolz, seine letzte zu sein. Sie stammt aus einer Prunkinschrift des Pharaos Mernephtha um das Jahr 1240 vor der Zeitrechnung und besagt in lakonischer Kürze: »Israel ist vernichtet, sein Same ist nicht mehr.« Wie viele Pharaonen haben seit damals versucht, Israel aus der Welt zu schaffen! Am Nil, am Jordan, an der Wolga und am Rhein – doch vergeblich. Nicht zuletzt haben die Juden aus diesem jüngsten Versuch, sie mit Stumpf und Stil auszurotten, die biblische Wahrheit neu gelernt, daß Israel als Volk unsterblich ist und daß kein Jude seiner Aufgabe, ein Zeuge Gottes zu sein, entrinnen kann. Auf griechisch heißt diese Zeugenschaft seit Makkabäerzeiten: *Martyrion*. Hier steht die jüdische Passion sogar im Wörterbuch. Denn Blutzoll und Erwählung, Zeuge-sein und Leiden-müssen, beides ist seit den Anfängen des Bibelvolkes eng miteinander verwandt.

»Verschaffen Sie mir einen vernünftigen Beweis für die Existenz Gottes«, so forderte Friedrich der Große einst seinen Leibarzt oder seinen Hofphilosophen auf (Wir haben drei Versionen dieser Episode). »Die Juden, Euer Majestät«, antwortete Voltaire. Zwei Generationen später proklamierte Nietzsche den Tod des Judengottes und daher auch des Christentums, als die nächste Stufe der menschlichen Entwicklung auf ihrem Weg zur angeblich höheren Existenz des »gottlosen Übermenschen.« Für Nietzsche war der Jude das Symbol für eine »lebensfeindliche Moralität«, wie er sagte, die all seinem Heidentum Hohn sprach. Als einer, der sich selbt einen Verächter der Moral nannte, verrichtete er eine ebenso brillante wie erschreckende Arbeit bei dem Versuch, diese Ethik zu zerstören. Danach verfiel er in geistige Umnachtung. Was Nietzsche dem Papier anvertraute, setzte Hitler in Wirklichkeit um. Sein Buch

»Mein Kampf« ist ein einziges heidnisches Echo auf »Also sprach Zarathustra«. Hitler nahm sowohl Nietzsche als auch Voltaire beim Wort.

Wenn Gott wirklich tot war, dann gab es nur einen Weg, das der Welt handgreiflich zu beweisen, nämlich durch den Tod aller Juden. Zwar ist dies eine Logik des Wahnsinns, doch innerhalb ihrer Grenzen rational und folgerichtig. Sechs Millionen Menschen mußten sterben, ehe Hitlers geisteskranker Nihilismus in Rauch und Asche aufging. Doch die Juden leben weiter.

Wenn wir also tatsächlich Zeugen für das Dasein Gottes sind, dann ist Gott lebendig. Wenn wir die schrecklichste Massenvernichtung der Weltgeschichte überleben durften, um hernach in unserer biblischen Heimat erneut zum Volk zu werden, dann ist der Atheismus nichts weiter als ein Alptraum kranker Menschen. Wenn der halb verbrannte Stamm wieder zur Blüte kommen durfte, dann haben der Bund vom Sinai und die lange blutdurchwirkte Geschichte Israels Sinn und Bedeutung. Denn entweder sind wir Juden gar nichts, der Staub der Erde und die Asche von Auschwitz, oder aber wir sind Sein Volk, auserwählt dazu, Seine Fackel durch Elend, Drangsal und Dunkelheit hindurch zu tragen bis zu jenem Tag, von dem der Prophet sagt: »Der Herr wird einer sein und sein Name einzig.« (Sach 14,9)

Zu den Lektionen aus dem Massengolgatha, wie der Papst es unlängst nannte, die nicht für Juden bestimmt sind, gehört auch die Botschaft, die Hans Küng in folgenden Worten zusammenfaßt: »Der nazistische Antisemitismus war das Werk gottloser Verbrecher, aber ohne die fast 2000jährige Vorgeschichte des christlichen Antijudaismus wäre er unmöglich gewesen. Keine der antijüdischen Maßnahmen des Nazismus – Kennzeichnung durch Judensterne, Ausschluß von Berufen, Mischeheverbot, Plünderungen, Vertreibungen, Konzentrationslager, Hinmetzelungen und Verbrennungen – war neu. Dies alles gab es schon im christlichen Mittelalter und in der christlichen Reformationszeit. Nach Auschwitz gibt es nichts mehr zu beschönigen.

Um das klare Eingeständnis ihrer Schuld kommt die Christenheit nicht herum.«

Und dennoch ist das Wort von der Kollektivschuld wie das der Sippenhaft, die beide der faschistischen Denkart entspringen, genauso grundfalsch wie die Leugnung aller Schuld durch irgendeinen Deutschen meiner Generation. Doch die Gemordeten rufen nicht nach Blut, sie warten auf unsere Trauer, unsere Erschütterung. Denn Schuldbekenntnis, Scham und Trauer, sofern sie reflektiert und verarbeitet werden, sind die seelischen Bausteine für das Wachstum jeder mündigen Individualität und jeder kollektiven Kultur. Alle Deutschen unterschiedslos zu verurteilen wäre im Grund ein nachträglicher Sieg für Hitler. Denn solch ein Antigermanismus entspräche dem nicht weniger pauschalen Antisemitismus des Naziführers und wäre kein Rechtsspruch, sondern ein Racheakt und eine bibelwidrige Barbarei. Um so mehr, als viele Einzelheiten im Gesamtbild jener Schreckenszeiten an Abrahams feilschende Fürbitte für die beiden Heidenstädte Sodom und Gomorrha erinnern. »Herr, wolltest Du sie alle umbringen und dem Ort nicht vergeben, um 50 Gerechter willen, die darin wohnen?« So fleht der Stammvater Israels, und Gott erhört sein Gebet. »Auch 40 oder 30 oder nur 20 Wohltätern zuliebe, ja sogar um 10 Gerechter willen will ich sie nicht verderben.« So heißt das Gotteswort aus dem Buche Genesis. (Gen 18,23–32)

Kerzen in der Finsternis

Rabbi Abraham Isaak Kook, der verstorbene Oberrabbiner Israels, hat uns gelehrt, es sei besser, eine einzige Kerze anzuzünden, als die Finsternis zu verfluchen. In diesem Sinne haben wir gelernt, daß jene lange Nacht der Gottesfinsternis, die vor 50 Jahren begann, zwar schwarz und grauenvoll war, daß es aber auch viele kleine Kerzen gab, die hie und da die Dunkelheit durchbrachen. Kein Jude wird die beiden gleichsetzen, aber niemand darf verschweigen, daß es in jenem Meer der Unmenschlichkeit auch Inseln echter Menschlichkeit gegeben hat. Wir waren Zeugen eines unglaublichen Nebeneinanders von brutalster Bestialität und selbstloser Aufopferung, von teuflischer Bosheit und beispielhafter Güte. Als Mitleid in Deutschland ein Verbrechen war und der Nächstenhaß zum Staatsgesetz erhoben wurde, da gab es Tausende von Deutschen, die ihr Leben aufs Spiel setzten, um Juden vom sicheren Tod zu erretten. Ja, es schien oft, daß es gerade die grausamste Gehässigkeit war, die den Adel des wahren Menschentums herauszufordern wußte.

In Jerusalem wurde kurz nach der Staatsgründung Israels eine Behörde ernannt, deren Aufgabe es bis heute ist, diese Helden der Nächstenliebe gebührend zu würdigen, um den Glauben an den Menschen als Träger von Gottes Ebenbild durch solche Vorbilder zu stärken. Die Gerechten unter den Weltvölkern, so nennen wir sie mit einem uralten Ausdruck der Rabbinen, und es gibt ihrer fast 2000. Wobei immer wieder amtlich betont wird, daß diese Zahl nur einen Bruchteil all jener darstellt, die ihre Opferbereitschaft überleben konnten. Nur Gott weiß, wie viele ihre Hingabe mit dem eigenen Leben bezahlen mußten.

Im Laufe der Nachforschungen stellte es sich in Jerusalem heraus, daß Dinge wie Selbstlosigkeit, Gewissen und Seelenadel nicht mit mathematischen Maßstäben meßbar sind. 2000 Judenretter, was ist das schon in einem Volk von 80 Millionen, so sagten viele Jugendliche in Israel. Inzwischen haben sie jedoch die Memoiren vieler Überlebender eines Besseren belehrt. So gab es z. B. ein Ehepaar von schlichten Durchschnittsjuden namens Krakauer, die im Laufe von über zwei Jahren von 66 Pfarrern versteckt, versorgt und betreut wurden, die von Pfarrhaus zu Pfarrhaus auf Schleichwegen geschmuggelt wurden, mit dem Beistand von Dutzenden von anderen Deutschen, die alle bewußt ihre eigene Sicherheit gefährdeten, um Gott mehr zu gehorchen als der Gewaltherrschaft.

Es ist an der Zeit, auch diese Legion von unbesungenen Gerechten zu ehren, die in vielen Fällen namenlos bleiben werden, da sie jedwede Auszeichnung resolut verweigern. Denn wie ein Berliner Taxifahrer sagte, der drei Jahre lang ein jüdisches Waisenkind in seiner Garage versteckt hatte: »Ich tat ja nur, was sich gebührte. Dafür gebührt mir keine Medaille.« Wer heute an Auschwitz erinnert, der darf auch diese Leute nicht vergessen, von denen unsere Weisen sagen: »Wer ein Menschenleben bewahrt, dem wird es zugerechnet, als hätte er die ganze Welt gerettet.«

Das dritte Haus Gottes

Rabbi Abraham Isaak Kook hat uns auch gelehrt: »Der zweite Tempel ist gefallen aus grundlosem Haß, der sowohl Juden als auch Römer damals bis zur Selbstzerfleischung besessen hat. Das dritte Haus Gottes wird nur aufgerichtet werden durch grundlose Liebe, eine Liebe, die fraglos den Nächsten annimmt als Menschenbruder unter dem einen Vater-Gott, durch Liebe, die keine Rechenschaft verlangt noch Abrechnungen fordert, sondern den andern in all seinem gottgewollten Anderssein und Andersglauben so annimmt, wie er eben ist. Sie wird uns zur Erlösung führen.« Soweit der unvergessene Rabbi Kook aus Jerusalem. (Leuchten der Heiligkeit [hebr.] Jerusalem 1938, S. 83f.)
Was ist nun die unumgehbare Schlußfolgerung, die sich aus all dem ergibt? Die Heiligkeit des Menschenlebens und der göttliche Auftrag zur Weltveredelung – diese beiden Grundwerte des Judentums müssen uns vor allen anderen Erwägungen beseelen, wenn wir heute den Gesamtbereich der deutsch-jüdischen Beziehungen neu durchdenken, um die Summe der Erfahrungen in den Dienst der Zukunft zu stellen.
So gesehen könnte die letzte und ausschlaggebende Lektion auf drei grundlegenden Tatsachen beruhen:
- *Einmalig* war dieser systematische Völkermord als die amtliche Politik und der Verwaltungsakt einer Staatsregierung inmitten eines getauften Europas, der ein Drittel aller Juden ihres gottgegebenen Lebensrechts beraubte.

- *Einmalig* in der Weltgeschichte ist aber auch der kollektive Wille zur menschenmöglichen Wiedergutmachung, der seit 1945 die Mehrheit aller Deutschen beseelt. Kein Schuldbekenntnis, kein Akt der Reue, keine Geldsumme kann auch nur ein einziges der ermordeten jüdischen Kinder ins Leben zurückrufen. Aber guter Wille, Sühnezeichen und Bußfertigkeit vermögen den Weg zu bahnen zu einer Versöhnung der Söhne unserer Generation, deren Aufgabe die Gestaltung einer besseren Welt ist, einer Welt, in der kein Auschwitz mehr möglich sein wird, nirgends und gegen niemanden.
- *Einmalig* wäre daher auch unsere Chance, die wir heute haben, die Erinnerungen der Vergangenheit in den Dienst des Lebens zu stellen, um an jenem *Shalom* mitzubauen, der zum höchsten Glaubensgut des Judentums und des Christentums gehört.

Wenn Deutsche und Juden es fertigbringen sollten, über die blutige Kluft der Hitlerjahre eine Brücke der Verständigung zu schlagen, dann könnte diese Tat ein Durchbruch werden durch den endlosen Teufelskreis von Haß und Gegenhaß, von Krieg, Gewalt und Blutvergießen, der seit Jahrtausenden die gesamte Weltgeschichte zu einer katastrophalen Verkettung von Schlachten und Schlächtereien gemacht hat. Denn wenn *sogar* Juden und Deutsche eine Generation nach dieser unvergeßlichen Schändung von Gottes Ebenbild aufeinander zugehen können, dann wäre das vielleicht ein ansteckendes Vorbild auch für andere Völker. Sicherlich aber ein schlagender Beweis für unsere zerstrittene Welt, daß Frieden auf Erden keine Illusion bleiben muß, sondern zur machbaren Realität werden kann. Ob es uns gelingen wird, weiß Gott allein. Aber den Versuch solch eines gewaltigen Herzbebens, eines aufrüttelnden Schmelzprozesses, der alle seelischen Verhärtungen überwindet, den schulden wir unserem Gottesglauben, unseren Kindern und der Zukunft der Menschheit.

Wie können »alle eins« sein?
Christliche Ökumene und jüdisches
Wahrheitsverständnis

Was hat ein Jude mit den kirchlichen Bestrebungen um die Einheit der Christen zu tun?
Die Antwort auf diese Frage ist nicht schwer: In seiner Gotteserkenntnis ist das gläubige Judentum nicht nur »katholisch«, d. h. weltumfassend und universal, sondern auch gut »protestantisch«, denn mit seinem tatkräftigen Protest gegen das Heidentum, das Menschen allzu lange als Götter verhimmelt und zu Sklaven entmenscht hatte, beginnt im Exodus-Drama die eigentliche Heilsgeschichte der Menschheit.
Für die Unschlüssigen liefert Karl Barth, den Papst Paul VI. den größten Theologen unseres Jahrhunderts genannt hat, die Bestätigung: »Die ökumenische Bewegung von heute«, so schreibt er in seiner »Kirchlichen Dogmatik« (KD IV/3, S. 1007f.), »leidet schwerer unter der Abwesenheit Israels als unter der Roms und Moskaus.«
Das sind die jüdischen Kredentialen zum ökumenischen Gespräch. Wer heute als Jude mit jungen Theologen, Priestern und Pastoren diskutiert, kann mit Genugtuung feststellen, wie es in allen Kirchen heilsam gärt. Diese vielschichtige, dynamische Unruhe entspringt teils einem noch unsicheren Zu-Einander-Streben getrennter Kirchen, teils einem wachsenden Trend der Ent-Hellenisierung, der bemüht ist, die Spätschichten griechischer Überkrustung vom kirchlichen Glaubensgut abzuschälen, um den Weg freizulegen zur ursprünglichen Frohbotschaft jenes Rabbis von Nazareth, der das Abendland zum Gott Israels geführt hat.

Es bedarf vielleicht der gedanklichen Distanz des engagierten Außenseiters, um hinter den heutigen Wallungen, Umbrüchen und Neuansätzen die keimhaften Anfänge einer Bibelökumene zu erspüren, die nicht von oben dekretiert wird, sondern, wie alle guten Dinge auf Erden, organisch von unten her zu wachsen beginnt.

Ich kann mich nicht des Eindrucks erwehren, daß die katholische Kirche schrittweise evangelischer wird, sowohl in der Demokratisierung gewisser Kirchenstrukturen als auch im Meinungspluralismus und der wissenschaftlichen Schrifterforschung– während evangelische Kirchen häufig katholisch anmuten, in ihrem Umgang mit der Bibel, in der Einstellung zur Tradition und oft auch in der Anwendung der Amtsautorität.

Ebenso kommt es bei den Katholiken zu einer neuen Hochschätzung des Wortgottesdienstes, was teilweise dem Priestermangel zu verdanken ist, der Eucharistiefeiern häufig verunmöglicht – während auf evangelischer Seite das Abendmahl an Bedeutung gewinnt und vielen Gemeinden bereits an jedem Sonntag angeboten wird. Was bei den einen die Not bewirkt, so scheint es, schafft bei den anderen die Einsicht.

Beide Kirchen jedoch befinden sich im Sog einer Rück-Hebräisierung ihrer Denkstrukturen, ein Trend, den der Tübinger Theologe Jürgen Moltmann »die hebräische Welle« nennt, dank der man die bleibende und zukunftsweisende Bedeutung der hebräischen Bibel wieder entdeckt. »Heute stehen wir in einer merkwürdigen Zeit des Überganges«, so schreibt er, »auf der einen Seite geht die griechisch geprägte Form des christlichen Glaubens zu Ende. Sie verliert ihre Kraft in der geschichtlichen Welt. Andererseits wächst die Einsicht, daß man das Neue Testament nicht ohne das Alte lesen kann, sondern beide nebeneinander und miteinander erst die Fülle des Lebens im Glauben erschließen. Aus der hebräischen Bibel kommt eine Revolution des christlichen Glaubens, die jene neuzeitliche Spaltung von Glaube und Hoffnung überwinden und überholen kann.« (»Gott der Hoffnung« in »Gott Heute« Korschki [Hrsg.] Mainz 1967, S. 121 f.)

Merkwürdige Zeit des Übergangs

Diese noch zögernde Heimkehr der Kirchen in ihr lange verschmähtes und vernachlässigtes jüdisches Erbe hat viele Aspekte. Der Glaubensschwund in unseren Tagen, so scheint es, hat den Kirchen ein Judenschicksal auferlegt. Zur Zeit, da ein Teil des jüdischen Volkes den Weg nach Israel geht – eine Heimholung prophetischer Prägung nach einer Heimsuchung apokalyptischer Ausmaße – schicken sich die Großkirchen an, in die Diaspora zu ziehen: eine weltweite Zerstreuung inmitten einer stetig wachsenden Mehrheit von farblosen, lauwarmen Allerweltsmaterialisten, die Gott ins Gesicht gähnen, weil die Frage nach ihm für sie belanglos geworden ist. Auch die Kirchen erfahren heute am eigenen Leib die Bitternis des Gastsassentums, wie Buber es nennt, in einer schwergläubigen Welt – ihre babylonische Gefangenschaft inmitten eines Neuheidentums.
Zur Zerstreuung gesellt sich die weltliche Entmächtigung der ehemaligen Staatskirchen, die mittels Thron und Altar jahrhundertelang die halbe Welt beherrscht hatten.
Diese erzwungene Abkehr der Kirchen von einer unheiligen, oft gefährlichen Allianz mit den Machthabern hat aber auch ihre guten Seiten. Man beginnt die jüdische Lektion zu lernen, daß säkuläre Schwäche auch eine Gnade sein kann. Den Absolutheitsanspruch auf Heilsmonopole konnten sich nur triumphale Reichskirchen leisten; eine »kleine Herde«, die unter Wölfen leben muß, lernt bald die alten Tugenden apostolischer Demut und ökumenischer Toleranz.
Daß heute auf Katholikentagen, Synoden und Kirchentagen weniger von Trinität, vom Jenseits und vom Bischofsamt die Rede ist, desto mehr aber von Brot für die Dritte Welt, von der Abrüstung und von mehr Gerechtigkeit für Gastarbeiter, auch das ist ein Zeichen der Rückkehr zur jüdisch-jesuanischen Überzeugung, daß diese unsere Erde weder heil noch heil-los ist, wohl aber heilbar; daß es unsere eigene Geschichte ist, in der Gott oft verborgen handelt, und, nicht zuletzt, daß der end-

gültige Sieg der Sache Gottes, den die gesamte Bibel ansteuert, die Vollendung dieser Welt und keiner anderen bringen wird.
Die alte Frage des Rabbis von Nazareth nach dem rechten Tun des Menschen, der als Mitarbeiter Gottes für diese Welt tätig ist, wird wieder laut. In der Christenheit hebt ein Neubesinnen an, und wenn nicht alles täuscht, wird Jesu Frohbotschaft vom Gottesreich nun endlich doch *geerdet*, um in ihrer dringlichen Konkretheit Gehör zu finden. Die heutigen Befreiungstheologien, die politischen, ökologischen und feministischen Aspekte, die alle auf den Praxisbezug Wert legen, beherzigen die Mahnung des Jakobus, der gut rabbinisch die junge Christenheit einst daran erinnerte, daß »ein Glaube ohne Werke tot« ist. (Jak 2,18)
Hand in Hand mit dieser hebräischen Verdiesseitigung der Heilsaufgaben geht auch eine neue Zukunftsorientierung, die, zusammen mit den Juden, unter der Unerlöstheit dieser Welt leidet, und daher mit tatkräftiger Ungeduld das kommende Heil herbeisehnt.
Im Zuge dieser schrittweisen Heimkehr zu den Grundwerten des Urchristentums weicht auch das schroffe Entweder-Oder der Griechen dem konzilianten Sowohl-Als-Auch der jüdischen Bibel, die es vom Schöpfer gelernt hat, Gegensätze zu integrieren und als zwei Seiten ein und derselben Wahrheit zu akzeptieren. Die hellenistische Schwarz-Weiß-Malerei scheint aus der Mode zu kommen – jenes weltfremde Abstraktionsdenken, das alles Menschliche in gegensätzliche Dualismen aufzuspalten gewohnt war: in Rechtgläubige und Irrgläubige; in Erlöste und Verdammte; in Kinder des Lichts und der Finsternis; kurzum: in die Mitbrüder als Engel und alle anderen als Teufel. Auch diese Farbenblindheit für die schillernde Buntheit des Lebens scheint allmählich einer biblischen Gesamtschau zu weichen, die alle Teil-Wahrheiten zu einem umfassenderen Bild der großen Wirklichkeit zusammenzufügen gewillt ist.

Neue Tendenzen in der christlichen Theologie

Für einen jüdischen Theologen, der all diese religiösen Wandlungen mit Spannung verfolgt, scheinen sich die meisten Bestrebungen in drei Richtungen zu bewegen: nach »unten« in der Christologie und der Lehre von der Erlösung; nach »vorn« in den Theologien der Hoffnung und Befreiung, und »zurück zu den Ursprüngen« in der Schriftauslegung und den biblischen Wissenschaften.

Die neue »Christologie von unten« verneint die Himmelfahrt keineswegs, nimmt jedoch den irdischen Jesus, seine Menschlichkeit und seine Verkündigung ernst genug, um ihn als Vorbild des Christseins und als Grund der Hoffnung für die Welt zu erfahren. *Nach vorn* weisen alle neuen Hoffnungs-Theologien ganz im Sinne der Propheten Israels, für die die Heilstaten Gottes nur ein Faustpfand waren zum Ausharren auf die noch immer ausstehende Vollerlösung, die als Endziel der Heilsgeschichte der menschlichen Mitarbeit bedarf. »Zurück zu den Ursprüngen« versucht die neueste Exegese zu gelangen, indem sie neu nach dem historischen Jesus und der geschichtlichen Situation seines Wirkens fragt. Dazu bedarf es auch der Judaistik, der Kenntnis der hebräischen Sprache, des Talmud und rabbinischer Schriftauslegung.

Nicht zuletzt gewinnt auch die jüdische Einsicht an Boden, daß Religion ihrem Wesen nach keine intellektuelle Angelegenheit ist, sondern Herzenssache, so daß es nicht sachgemäß ist, wenn man sie abstrakt-rationalen Maßstäben unterwirft, ohne die Gefühlswelt gebührend zu berücksichtigen.

»Ist denn Christus zerteilt?«

Vor den meisten dieser Neuansätze schwindet ein gutes Stück Distanz zwischen den christlichen Kirchen, und die Entrüstung über die Gespaltenheit der Christenheit nimmt zu; eine wachsende Anzahl von Christen empfindet sie als Skandal.

»Wenn die Kirchen der Menschheit noch einmal das Bild einer zankenden Christenheit zumuten, dann sind sie abgeschrieben«, so schrieb Pater Alfred Delp schon 1943. »Wir glauben, daß die Einheit, die zugleich Gottes Wille und Seine Gabe an Seine Kirche ist, sichtbar gemacht werden muß.« So beschloß der Weltrat der Kirchen in Uppsala 1968. Jürgen Moltmann pocht auf die Einberufung »eines ökumenischen Konzils, auf dem die Christenheit mit einer Stimme spricht«, stellt aber mit Bedauern fest: »Unsere Verantwortung ist universal geworden, aber die kirchlichen Entscheidungsträger sind leider provinziell geblieben.«

So beruhigt man einander, indem man von »versöhnter Verschiedenheit«, vom langsamen Prozeß der Ökumenisierung, von »kleinen Schritten zur Einheit hin« und von der Taufe als »Eingangstor« bis zur Eucharistie als »Gipfel und Höhepunkt« der Kirchengemeinschaft spricht – aber die Kirchen bleiben weiterhin getrennt. »Ist denn Christus zerteilt?« So fragte Paulus einst die Korinther (Kor 1,13) – worauf die heutigen Kirchen einstimmig mit ja zu antworten scheinen.

Da ist das zarte Christkind in den Weihnachtskrippen, der Herrscherheiland der romanischen Kathedralen, der universale Sündenvergeber der Hof-Theologen, der kämpferische Jesus-Krieger der Befreiungs-Theologien, der »Mann für andere« von Dietrich Bonhoeffer, das Heil der Heillosen, der Schmerzensmann am Römerkreuz und der sanfte Wunderheiler der Volksfrömmigkeit. Was hat der Mann aus Galiläa eigentlich mit dieser Galerie von Christusbildern zu tun? Welche der unzähligen Christologien ähnelt jenem Nazarener, der einst auf dieser Erde zu Hause war? Gibt es überhaupt eine Christusdarstellung, die mit dem Rabbi von Nazareth wenigstens in den wesentlichen Zügen verwandt ist? Doch das sind eher jüdische Anfragen, die zwar den Kern der Kirchenlehre berühren, aber seltsamerweise so gut wie nichts mit der heutigen Kirchenspaltung zu tun haben. Wie dem auch sei, ein Kirchenverständnis, das zu über 360 verschiedenen Christentümern geführt hat, zu Kirchen »von oben« und »von unten«, von rechts und von links, zu getrennten Kirchen für Schwarze und Weiße – dieser »Glaubenswirrwarrr«, wie ihn ein Bischof unlängst benannte, kann wohl kaum dem Willen dessen gerecht werden, der einst so inbrünstig darum betete: »daß sie alle eins werden... und zur vollendeten Einheit gelangen mögen«. (Joh 17,21–23) – um so mehr, als Jesus sich nach dieser Einheit sehnte, wie er sagte, »damit die Welt erkenne, daß der Vater mich gesandt hat« (Joh 17,23) – ein Wort, das die Kircheneinheit zum Prüfstein der Glaubwürdigkeit des Christentums erhöht.

»Ich glaube an die eine heilige christliche Kirche«, wenn dieses apostolische Glaubensbekenntnis in getrennten Kirchen rezitiert wird, die nicht einmal die Gültigkeit ihrer Gottesdienste gegenseitig anerkennen, so muß die Zerklüftung wohl unvermeidlich die Anziehungskraft des Christentums beeinträchtigen.

Der biblische Pluralismus

So sprechen die Befürworter einer gesamtchristlichen Ökumene, jedoch gibt es auch nüchterne Beobachter, die zu ganz anderen Schlußfolgerungen gekommen sind. Jesu Gebet um die Einheit der Kirche entsprang ja vom Anfang an der Vielfalt in seiner Herde, die niemals einmütig war in ihren zahlreichen Glaubensweisen. In diesem Sinne fragt der evangelische Theologe Ernst Käsemann: »Begründet der neutestamentliche Kanon die Einheit der Kirche?« – Worauf er antwortet: »Nicht die Einheit der Kirche, sondern die Vielfalt der Konfessionen. Die Variabilität des Kerygmas im Neuen Testament ist Ausdruck des Tatbestandes, daß bereits in der Urchristenheit eine Fülle verschiedener Konfessionen nebeneinander vorhanden war, aufeinander folgte, sich miteinander verband und gegeneinander abgrenzte. Daß die gegenwärtigen Konfessionen sich sämtlich auf den ntl. Kanon berufen, ist von da aus durchaus begreifbar.« (Exegetische Versuche Band 1, Göttingen 1960, S. 221)
Das Neue Testament ist, wie bekannt, jüdisch in seinen theolo-

gischen Grundzügen, es ist hebräisch in seinem Heilsvokabular und klingt rabbinisch in vielen seiner Denkweisen. Aber nirgends ist dieser Sammelband von Glaubenszeugnissen alttestamentlicher als in seinem unverkennbaren Meinungspluralismus, der sich, gut jüdisch, gegen jedwede Systematisierung zur Wehr setzt. »Hairesis« heißt auf griechisch »Auswahl« – ein Wort, das die Kirchenväter zur »Häresie« festgeschrieben haben, womit jede persönliche Selektivität im Schriftverständnis oder in der Bibelauslegung als Ketzerei verpönt worden ist.

Zu Unrecht. Denn letzten Endes gehört ja der Glauben zum Intimbereich des Menschen, von denen jeder einzelne so einmalig und unwiederholbar ist, wie es uns die Naturwissenschaftler bestätigen: Nicht einmal siamesische Zwillinge sind identisch miteinander - geschweige denn Brüder, Nachbarn oder Mitglieder derselben Betgemeinde, die allesamt verschieden voneinander sind, sowohl in der Biologie und der Anatomie als auch in der Mentalität und in ihrem individuellen Zugang zu Gott.

Dieser Binsenwahrheit haben die Rabbinen in einer uralten Parabel Ausdruck verliehen: Bei der Sinai-Offenbarung heißt es im 2. Buch Moses: »Das ganze Volk nahm die Stimmen wahr.« (Ex 20,18) Warum aber heißt es hier »Die Stimmen«, so wird gefragt, wenn es doch um die Eine Stimme Gottes geht? Worauf die Antwort lautet, daß Gottes Stimme sich in 600 000 Stimmen zerteilte, so daß jeder Israelit zu Füßen des Berges die Stimme Gottes in seiner ureigenen Mentalität und Individualität verstehen konnte. Womit bezeugt wird, daß es zwar nur eine Offenbarung gibt, wohl aber eine Unzahl von jüdischen Offenbarungsverständnissen und Judentümern, denn die unerschöpfliche Vielfalt menschlicher Auffassungen ist ja nicht weniger gottgewollt als die eine Quelle des Glaubens, aus der sie alle entspringen.

Und da die Zoologie, die Botanik, die Astronomie und die Anthropologie, die ja auch Bücher Gottes sind, einstimmig diese Bibelwahrheit bestätigen, so darf es als gesichert gelten, daß

der Schöpfer-Gott die Vielfalt liebt, und jedweder Vereinheitlichung abhold zu sein scheint.
Und da bis heute keine Kirchenlehre vom Himmel gefallen ist, die mit letztgültiger Autorität sagt, welche von den vielen christlichen Konfessionen die beste oder die gottgefälligste ist, so wird es wohl bis auf weiteres bei der Glaubensdemokratie der Mannigfaltigkeiten bleiben. Und das ist gut so.
Denn wenn alle 900 Millionen Christen Gott im selben Wortlaut und Tonfall loben würden, so könnten sogar die Cherubim und Seraphim vor lauter Monotonie einschlafen. In Gottes globalem Orchester gibt es eine Unzahl von Stimmen und Instrumenten, die alle geschaffen wurden, um nach ihrer Weise zu singen und zu spielen. Daher sollte niemand versuchen, einen Bariton in einen Tenor oder ein Klavier in eine Klarinette zu konvertieren – wohl aber sollte man sie dazu bringen, in Eintracht miteinander ein vielstimmiges Konzert des Gotteslobes vor dem Herrn der Welt anzustimmen. Denn die Vielfalt ist ja letzten Endes eine Bereicherung für den Glaubensschatz der Christenheit – und liefert einen weiteren Beweis für die Allmacht Gottes, der groß genug ist, daß weder eine Einzahl noch eine Anzahl, sondern ein Unzahl von Wegen Ihn zu erreichen vermag, *ohne* eine dogmatische Uniformisierung der verschiedentlichen Glaubensweisen. Ist es nicht an der Zeit, dem Vater im Himmel mehr Phantasie zuzutrauen als die Ausschließlichkeit einer einsamen Einbahnstraße, die zu Ihm hinleitet?

Die jüdische Vielfalt

In diesem Sinne hat es im Judentum seit eh und je eine Vielfalt von Schulen, Anschauungen und Strömungen gegeben – eine wahre Republik von Bibellesern, die nicht ohne Stolz auf ihren Eigenbeitrag ihren Glauben in eigener Weise zu gestalten wußten, die aber Gott, allen Spaltungen zum Trotz, zusammen hält. Pharisäer, Sadduzäer, Essener, Chassidim und Rechabiter, Ebioniten und Karäer, um nur die wichtigsten zu nennen, haben immer schon darauf bestanden, die gemeinsame Bibel auf ihre Weise zu lesen, auszulegen und zu leben. Auch im heutigen Judentum überwiegt die Vielstimmigkeit, wie sie in den diversen Schattierungen der Orthodoxie, der konservativen Synagogen und des Reformjudentums zum Ausdruck kommt. Aber nicht Vereinheitlichung, sondern Eintracht in der Vielfalt war das Bestreben jener Kreise, die die sogenannten »Einheitsgemeinden« gründeten, die hier in Deutschland und der Schweiz Juden verschiedenster Anschauung unter einem Glaubensdach beherbergten und weiterhin beherbergen.

Die Vielfalt wird dabei keineswegs totgeschwiegen, sondern respektiert und, im Rahmen der fundamentalen Gemeinsamkeiten, auch berücksichtigt. Das bedeutet keineswegs die Vorherrschaft einer idealen Harmonie noch einer makellosen Nächstenliebe, sondern lediglich die praktische Anerkennung des inhärenten Pluralismus, der jeder der Großreligionen innewohnt.

Dies bestätigt auch das Neue Testament: »Gott hat vielfältig und in mannigfaltiger Weise geredet«, so heißt es im Hebräerbrief (1,1). Man soll mit der »verschiedenartigen Gnade Gottes einander dienen«, wie es der Erste Petrusbrief empfiehlt (1 Petr 4,10), »damit die vielfältige Weisheit Gottes« kundgetan werde, wie auch Paulus betont (Eph 3,10).

Die Demut des Paulus

Daß Paulus, als erster Theologe der Heidenkirche, dem es keineswegs an Selbstsicherheit fehlte, sich dennoch bewußt war, nur eine Stimme in der Urkirche zu sein – weder die einzige noch die endgültige –, erfahren wir unter anderem aus seinem Ersten Brief an die Korinther, deren Gemeinde zumindest vier verschiedene Glaubensschulen beheimatete (1 Kor 1,11-13). Paulus predigte ihnen zwar Einigkeit, aber ist sich völlig des Erfolges bewußt, den andere Missionare, die ganz andere Theologien vertreten, in Korinth bereits genossen haben und

auch weiterhin genießen. Und so erinnert er die Korinther und sich selbst daran, daß solch ein Pluralismus keineswegs ein Übel sein muß (1 Kor 11,18f.) – solange alle durch die Einsicht verbunden sind, daß die Kirche als geistige Realität stark genug ist, um verschiedene Auffassungen und Vorstellungen unter dem einen Dach der Christusliebe zu beherbergen. Trotz aller Durchdrungenheit mit *seiner* Wahrheit blieb Paulus offen bis zuletzt für die Pluralität der Deutungsmöglichkeiten aller Gotteserfahrungen, so daß es für ihn nicht vordringlich war, auf theologische Einstimmigkeit zu pochen oder gar Andersgläubige zu verketzern, wie er selbst betont (1 Kor 3,5–9).
Gott selbst wird schon zur rechten Zeit die theologische Spreu vom Weizen trennen und wird, wie die Rabbinen sagen, die Lösung aller Rätsel zu seiner Zeit liefern. (1 Kor 4,5) Ja, Paulus geht in seiner ganz undogmatischen Toleranz noch einen Schritt weiter: Auch wenn diejenigen, die falsch predigen oder unrechtmäßig theologisieren, am Jüngsten Tag bestraft werden sollten, so werden dann auch die schlechtesten Theologen miterlöst werden (1 Kor 3,12–15). Ein kräftiger Trost für alle anstößigen Theologen, Nonkonformisten und Abweichler sowie die sogenannten »getrennten Glaubensbrüder« überall.
All jene, die den Stab über Andersgläubige zu brechen gewillt sind, warnt Paulus mit Nachdruck: »Deshalb urteilt nicht vorzeitig über etwas, bis der Herr kommt!« (1 Kor 4,5) Denn unerforschlich sind die Entscheidungen Gottes und unaufspürbar bleiben seine Wege, so betont er gegenüber den Römern (Röm 11,33f.), um mit einem Mahnwort zu schließen, das wie ein Dauerdämpfer für alle vorwitzige Menschenklugheit und zünftige Gotteswisserei klingt: »Denn wer hat den Sinn des Herrn erkannt, oder wer ist sein Ratgeber gewesen? Denn aus Ihm und durch Ihn und für Ihn ist alles. Ihm sei Ehre in Ewigkeit – Amen.« (Röm 11,34–36)
Nachdem der Mentor aller Kirchen-Theologen das Mysterium der Heilswege Gottes bis zur äußersten Grenze menschlicher Wißbegierde durchforscht hat, beugt er sich willig den Schranken aller Vernunft und stimmt ein Hohelied von der Souverä-

nität Gottes an. So weit können und dürfen wir raisonnieren und dogmatisieren – so sagt er allen Christen –, aber von hier an gilt es, unser Nicht-wissen-Können zu akzeptieren und Gott Gott sein zu lassen – in all seiner Unverfügbarkeit und der Undurchschaubarkeit seines Wirkens. Daher gibt Paulus offen zu, daß Glaubensangelegenheiten unverwaltbar seien, so daß auch er, der geniale Theologe, »nicht Herr sein wolle über euren Glauben«, wie er der Kirche in Korinth beruhigend mitteilt (2 Kor 1,24), sondern lediglich »Gehilfe Eurer Freude«.
Das ist die Freiheit des biblischen Glaubens. Um ihn zu fördern, sollten die Entscheidungsträger in den Kirchen von Paulus die apostolische Demut neu lernen – jenem Zeugen der Allmacht Gottes, der es niemals wagte, Papst zu spielen, noch den Hochmut besaß, himmlische Heilsformeln festzuschreiben, sondern sich letzten Endes auf ein bloßes Glauben, ein bescheidenes Hoffen und ein selbstloses Dienen beschränkte: drei Tugenden, die bis heute als die Spitze des biblischen Ethos gelten dürfen.

Lebendigkeit der Glaubenssprache

Was den unbeugsamen Dogmatismus betrifft, der die meisten Trennmauern zwischen den Kirchen aufrecht erhält, so ist es aus jüdischer Sicht ein frommer Irrtum zu glauben, daß Gott und sein Heilshandeln sich sprachlich fixieren lasse oder daß sein Wille in irgendeiner Bekenntnisformel verewigt werden könne. Verständlich ist das Verlangen nach einem Machtwort göttlicher Autorität, das all das menschliche Gewirr der Meinungspluralität zunichte macht, jedoch verkennt der Dogmatismus das wahre Verhältnis zwischen Religion und Linguistik. Keine Sprache auf Erden ist ein fertiges Endprodukt, sondern eine fortwährende Tätigkeit, die sich im Sprechen pausenlos verändert. Da alle Sprachen nun dynamisch, ungenau und relativ sind, vermag keine dem Absoluten und Ewigen unveränderlichen Ausdruck zu verleihen. Die Lehrworte von vorgestern können morgen leere Worte werden, wenn der lebendige Sprachgeist sie einem Bedeutungswandel unterworfen hat. Und eine Weltsprache, die über unsere babylonische Sprachenverwirrung hinweg universale, unverrückbare Aussagen zu machen vermag, gehört zum Bereich schwärmerischen Wunschdenkens. Jedes ängstliche Sich-Klammern an Einzelworte oder Schlüsselsätze ist im Grunde auch ein Verstoß gegen das 2. Gebot – das Verbot, irgend etwas zu verabsolutieren, um es dann an Gottes Statt zu verehren.

Das gilt auch für die Versprachlichung des lebendigen, weiterführenden Gottes, denn schließlich ist doch alle menschliche Rede von Gott nichts anderes als unbeholfenes Gestammel, ein verzweifeltes Ringen um das letztlich Unsagbare, das im besten Fall unterwegs zu ihm ist, ihn aber nie in Menschenlauten einzufangen vermag. »Du sollst Dir kein Schnitzbild machen noch irgendein Abbild Gottes ...« (Ex 20,4). Das gilt auch für Schriftrollen, für die Wortvergötzung aller »Buchstabilisten«, wie Martin Luther sie nannte, und für die theoretischen Gottesbilder aller Theologien.

Zur Kirchendogmatik sagte einst Kart Rahner mit souveräner Ironie: »Was weiß man denn schon so genau vom lieben Gott?« Und obwohl er gern von jenem »unfaßbarem Geheimnis« sprach, das er nur zögernd Gott zu nennen bereit war, fügte er mahnend hinzu: »Immer sollte von Gott so geredet und geschrieben werden, daß kein Mensch sich einbilden dürfe, er sei des Geheimnisses mächtig geworden.« Auf die Frage, ob Jesus zu seinen Lebzeiten etwas vom Unfehlbarkeitsdogma gewußt habe, antwortete er: »Er hat es selbstverständlich nicht gewußt. Wenn ich mir mal hypothetisch vorstelle, ich hätte Jesus ... die Definition des 1. Vatikanums von 1870 vorgelesen, dann hätte er sich ... wahrscheinlich nur gewundert und gar nichts davon verstanden.« (Karl Rahner im Gespräch, München 1982, S. 191)

Kurz vor seinem Tode sagte Rahner im Laufe eines Gesprächs mit mir über die Schwierigkeiten, mit Dogmen umzugehen: »Ich bin nicht sicher, ob nicht auch ein Papst bei einer Befragung über die Trinitäts-Theologie nach einer Viertelstunde in eine Häresie geriete.«

Was die Glaubensunterschiede über Taufe, Kirchenamt und Abendmahl betrifft, die Katholiken und Protestanten voneinander trennen, sei an eine berühmte rabbinische Kontroverse erinnert, die der Talmud mit folgenden Worten schildert: »Drei Jahre lang diskutierten die vom Lehrhause Schammais und die vom Lehrhause Hillels. Die einen sagten: Die Norm (Dogmatik) geht nach unserer Meinung; die anderen aber behaupteten, die Norm stimme mit ihrer Meinung überein. Da ging eine Himmelsstimme aus und sprach: »Diese und jene sind beide Worte des lebendigen Gottes.« (Eruwin 13b).

Wenn dem so ist, sollte für all jene, die dogmatische Barrieren zwischen Christen und anderen Christen aufrecht erhalten, das Jesuswort als Mahnruf erklingen: »Warum übertretet ihr das Liebesgebot Gottes um eurer Menschensatzung willen?« (Mt 15,3 und Mk 7,7–8)

Das Tun der Wahrheit

Vielleicht täten die Ökumeniker gut, wenn sie die Parabel Jesu von den beiden Söhnen beherzigten. Auf die Bitte des Vaters, im Weinberg dieser Welt zu arbeiten, sagt der erste Sohn brav und getreu: »Ja, Herr« – aber geht nicht zur Arbeit. Da wendet sich der Vater an den zweiten Sohn mit derselben Bitte, die jener schroff ablehnt. Später aber besinnt er sich eines Besseren und geht zur Arbeit. Im heutigen Klartext heißt das wohl, daß so mancher ein anderes Abendmahlsverständnis oder Glaubensbekenntnis hat und sich nicht der amtlichen Kirchenlehre beugen will, wohl aber das Heilsvorhaben Gottes mit seiner Hände Werk vorantreibt. Der andere Sohn hingegen, der »ja« sagt und den Vater korrekt als »Herr« anspricht, tut nichts, um diese Welt Gottes zu heiligen. (Mt 21,28–31)

Die Ökumene, so scheint es, sollte der Einheitlichkeit gesprochenen Bekenntnisses – und sei es noch so ehrlich gemeint –

keine Priorität einräumen, sondern eher der tatkräftigen »Erfüllung des göttlichen Willens« (Mt 12,51), wie Jesus ihn gepredigt hat, damit man gemeinsam die Wahrheit in dieser Welt *tut*.
Was viele Christen verwirrt, was die Ökumene behindert und was zu triumphalen Kirchentümern geführt hat, das ist die Vorstellung der Wahrheit als eines Besitztums, das verwaltet, übermittelt und verabreicht werden kann. In der Muttersprache Jesu hingegen ist Wahrheit eher ein Weg, der beschritten wird, eine Pflicht, die getan werden muß, und ein Glaube, der mutig weiterdenkt, denn die Suche nach Wahrheit ist hienieden nie zu Ende.
Um dieses hebräische Wahrheitsverständnis geht es in der Ökumene letzten Endes – und das legt Bescheidenheit nahe, fördert Toleranz und ermöglicht Übereinstimmung.
Sollte diese Einsicht in den Kirchen nicht die Oberhand gewinnen, so wäre in unserem nachdogmatischen Zeitalter das Heranwachsen einer dritten Konfession nicht auszuschließen – einer Glaubensgemeinschaft, die sich schlicht und einfach, ohne Wenn und Aber, als *christlich* versteht – um gemeinsam, wie Jesus mit den Seinen, Brot zu brechen, aus einem Kelch zu trinken und der Welt die Botschaft des Evangeliums vorzuleben.